2021年第2辑

价值论研究
RESEARCH ON AXIOLOGY
2021，No.2

孙伟平　陈新汉/主编
上海大学价值与社会研究中心
中国辩证唯物主义研究会价值论研究专业委员会 /编

上海大学出版社
SHANGHAI UNIVERSITY PRESS

图书在版编目（CIP）数据

价值论研究. 2021年. 第2辑 / 孙伟平，陈新汉主编. —上海：上海大学出版社，2022.7
ISBN 978-7-5671-4502-3

Ⅰ.①价… Ⅱ.①孙…②陈… Ⅲ.①价值论（哲学）—研究 Ⅳ.①B018

中国版本图书馆 CIP 数据核字（2022）第 129040 号

责任编辑　王悦生
封面设计　柯国富
技术编辑　金　鑫　钱宇坤

价值论研究（2021年第2辑）
孙伟平　陈新汉　主编
上海大学出版社出版发行
（上海市上大路99号　邮政编码200444）
（http://www.shupress.cn　发行热线 021-66135112）
出版人　戴骏豪

*

南京展望文化发展有限公司排版
商务印书馆上海印刷有限公司印刷　各地新华书店经销
开本 710mm×1000mm　1/16　印张 12　字数 184千
2022年7月第1版　2022年7月第1次印刷
ISBN 978-7-5671-4502-3/B·126　定价　79.00元

版权所有　侵权必究
如发现本书有印装质量问题请与印刷厂质量科联系
联系电话：021-56324200

《价值论研究》编委会

主　　　任	李德顺
副 主 任	孙伟平　陈新汉
委　　　员	（按姓氏笔画为序）

　　　　　　马俊峰　王天恩　文　兵　尹　岩
　　　　　　冯　平　宁莉娜　刘进田　闫坤如
　　　　　　江　畅　孙伟平　李德顺　邱仁富
　　　　　　汪信砚　陈新汉　胡海波　段　勇
　　　　　　黄凯锋　韩　震

主　　　编	孙伟平　陈新汉
副 主 编	尹　岩　邱仁富　刘　冰
执 行 编 辑	（按姓氏笔画为序）

　　　　　　伏志强　杨　丽　吴立群　张亚月
　　　　　　张艳芬　张响娜　赵　柯　姚毅超
　　　　　　彭学农

名家访谈

检视并重构价值观和价值论概念
　　——江畅教授访谈录 ………………………………… 江　畅　孙伟平 / 003

我国价值论研究的主要著作巡礼

编者按 ……………………………………………………………………… / 020
《价值学引论》的理论视角及启迪 ………………………………… 郑　伟 / 022

价值论基础理论研究

杜威实用主义价值理论的洞见与局限 …………………………… 黄凯锋 / 031
人类现实主义价值追求的根本原则试探
　　——基于学界对价值排序的争鸣 ………………………… 夏国军 / 051

评价论研究

评价、自我评价和社会自我评价 ………………………………… 陈新汉 / 067
社会评价对于社会规范的价值 …………………………………… 朱弘睿 / 085
人工智能：从存在论到认识论的飞跃 …………………………… 王金伟 / 102

社会主义核心价值观研究

社会主义核心价值观的基本内容和逻辑关联 ……… 孙伟平　刘宇飞 / 115

社会主义核心价值观融入小学思政课的现状及其方法和路径研究
.... 刘　冰 / 140

文化与价值研究

共生时代下当代大学生的价值主体发展探究 .... 刘文敏 / 159

从狄奥尼索斯的智慧到超人的困境
——尼采《悲剧的诞生》中的真与美问题 .... 张　娜 / 175

Contents

Celebrity Interview

Examining and Reconstructing Values and Axiological Concepts
　—An Interview with Professor Jiang Chang
Jiang Chang and Sun Weiping / 003

A Tour of the Main Works on the Study of Axiology in China

Editor's Note　／ 020
Theoretical Perspective and Enlightenment of *Introduction to Axiology*
Zheng Wei / 022

Research on Basic Theory of Axiology

Insight and Limitation of Dewey's Pragmatic Value Theory　Huang Kaifeng ／ 031
On the Fundamental Principles of Human Realistic Value Pursuit
　—Based on the Contention of Academic Circles on Value Ranking
Xia Guojun / 051

Research on Evaluation Theory

Evaluation, Self-evaluation, and Social Self-Evaluation　Chen Xinhan ／ 067
The Value of Social Evaluation to Social Norms　Zhu Hongrui ／ 085
Artificial Intelligence: A Leap from Ontology to Epistemology　Wang Jinwei ／ 102

Research on Socialist Core Values

The Basic Content and Logical Connection of Socialist Core Values
Sun Weiping / 115

Research on the Current Situation and Methods of Integrating Socialist Core Values into Ideological and Political Courses in Primary Schools
Liu Bing / 140

Research on Culture and Value

On the Value Subjectivity of Contemporary College Students in Co-Existing Era
Liu Wenmin / 159

From Dionysus' Wisdom to Superman's Dilemma
——The Problem of Truth and Beauty in Nietzsche's *The Birth of Tragedy*
Zhang Na / 175

名家访谈

Celebrity Interview

检视并重构价值观和价值论概念

——江畅教授访谈录

江 畅 孙伟平

【江畅教授简介】 江畅，1957年8月出生，湖北浠水人，哲学博士。教育部长江学者特聘教授，湖北大学哲学学院教授、博士生导师，湖北大学高等人文研究院名誉院长，中华文化发展湖北省协同创新中心主任。兼任北京师范大学教育部人文社科重点研究基地"价值与文化研究中心"和社会主义核心价值观协同创新中心研究员、中国人民大学教育部人文社科重点研究基地"伦理学与道德建设研究中心"研究员和学术委员、清华大学道德与宗教研究院研究员、马克思主义理论与当代中国实践研究中心（武汉大学）研究员、中国特色社会主义道德文化省部共建协同创新中心（湖南师范大学）首席专家。国际价值哲学学会（ISVI）前会长，中国伦理学学会副会长，中国价值哲学专业委员会副会长，中国文化建设与评价专业委员会常务副会长，湖北省伦理学学会名誉会长，湖北省传统文化教育研究会会长，湖北省双创文化基金会理事长。

在《中国社会科学》《哲学研究》《人民日报》《光明日报》等报刊发表论文340余篇，出版著作译著35部。获教育部优秀成果二等奖2项、三等奖1项，获湖北省优秀成果一、二、三等奖各2项，获第七届吴玉章人文社会科学奖优秀成果奖和首届罗国杰伦理学教育基金优秀学术著作奖，2次入选《复印报刊资料重要转载来源作者》（2016年版、2019年版）哲学和马克思主义理论2个学科重要转载来源作者名录。先后主持过国家社科基金重大项目3项，教育部基地重大项目1项，国家社科基金重点项目1项、一般项目和后期资助项目3项，文化部创新项目1项，其中1项国家社科基金项目被国家社科规划办鉴定为优秀。现为2020年研究阐释党的十九届四中全会精神国家社科基金重大项目"中国特色社会主义制度'人民至上'价值及其实践研究"（20ZDA005）首席专家。

长期从事伦理学、价值论、西方哲学和文化问题研究，为我国西方价值理论和观念研究作出了开拓性贡献，所提出和阐述的现代幸福主义伦理学被认为是国内有代表性的伦理学体系之一。近年来致力于文化发展研究，对中国价值观和价值文化作了较系统的阐释。

孙伟平（以下简称"孙"）：江教授，您好！最近您发表了重新检视价值观和价值论概念的文章，您能谈谈您为什么要在这个时候提出检视并重构这两个概念吗？

江畅（以下简称"江"）：近几年一直在写一本价值论方面的书，想把我研究伦理学和价值论40年来关于价值论的思想作一个整理并在此基础上对价值论作一个系统的构建。到2020年，作为我国一个专门领域的价值论研究正好40周年，借这个机会反思一下我国价值论学科的发展和存在的问题，对价值论学科的构建提出一些个人看法，这对我国价值论研究乃至世界价值论研究应该都是一件有意义的事情。我和我的研究生在《中原文化研究》2021年第3期上发表的《在价值观的含义及其与美好生活的关系》和在《华中师范大学学报（人文社会科学版）》2021年第5期上发表的《重新认识价值论的性质》两篇文章就是我书稿中的两个小的部分，发表出来主要是想听听各位同行的意见和建议，观点还不太成熟。正在撰写的价值论一书对有关价值问题做了全面的探索和反思，是一部在总结我国价值论研究40年经验的基础上对价值论理论的系统构建，其中有许多观点与现行对价值论的理解有相当大的不同。这本书的出版可能还需要相当长的时间，为此，我还会把一些我认为比较重要的新观点发表出来，请各位同仁批评指正。

孙：您一直反对把价值观看作是关于价值的看法或观点，而主张把价值观理解为价值观念，并划分为一般价值观与主体价值观，您能具体阐述一下这样做的理由和意义吗？

江：在对价值观概念的理解上，我国普遍存在着一种误区。我国关于价值观的流行观点认为，价值观是指人们在认识各种具体事物的价值的基础上形成的对事物价值的总的看法和根本观点。这种把价值观理解为关于事物价值的看法和观点（可通称为"认识"），是对价值观的一种误解。价值观并不是人们通常理解的关于事物价值的认识或对事物的态度，而是关于事物价值的观念。观念既不同于认识，也不同于态度，而是对某种认识的确信或信念。价值观之"观"不是"观点"，而是"观念"。李德顺教授早就明确指出了这一点，他说："时下社会上经常说及的'价值观'，应该当作'价值观念'来解释。"①

针对国内对价值观的误解，我曾在十几年前就做过澄清，并给价值观做过这样的界定："价值观实际上是一种价值观念，是那种根本的总体的价值观念。这种价值观念不是一种单一的价值观念，而一种价值观念体系，或者说观念的价值体系。"② 这只是从一般意义上界定价值观，而不是从价值观主体的角度界定价值观。这里所说的"价值观主体"，不同于"价值主体"。"价值观主体"是指拥有价值观的人，包括人类个体、有组织的人类群体、人类整体，大致上相当于社会主体。只有人才能够成为价值观主体。"价值主体"是指自身具有能够满足他物需要的有利性的事物，它可以是人，也可以是天地万物。如果从价值观主体的角度考虑，那么可以对价值观做以下界定：价值观是人基于关于事物价值的价值观念而自发形成或自觉构建的观念价值体系。

我认为，澄清对价值观理解的误区不仅在理论上非常必要，也具有重大的实际意义。只有把价值观理解为价值观念而不是价值认识，我们才能

---

① 李德顺：《价值论》（第 2 版），中国人民大学出版社，2007，第 199 页。
② 江畅：《论价值观与价值文化》，科学出版社，2014，第 21 页。

够理解西方近现代价值观的确立为什么经历了几百年的历史，也才能够理解中国传统价值观的现代转换为什么需要一个相当长的过程。如果价值观是一种认识，那么只要认识了它或理解了它就可以接受；然而，如果价值观是一种观念，那么无论它的形成和更新都非常困难。有了价值观是观念而不是认识的意识，我们才能够对社会主义价值观构建作长期的思想准备，而不会指望仅仅通过学习来提高认识就可以解决问题。

孙：您能简要阐述这一价值观界定的具体含义吗？

江：我说价值观是人基于关于事物价值的价值观念而自发形成或自觉构建的观念价值体系，这里面包含了以下几层主要意思。

第一，价值观的主体是人，包括个人、组织群体和人类整体，它们有各不相同的价值观。毫无疑问，价值观是人类特有的观念现象，动物及其他事物没有价值观，但人类的价值观情形很复杂。至少在文明社会，作为人类个体即个人在正常情况下都会形成自己的价值观。在任何情况下，个人价值观都是千差万别的，不同时代、不同社会乃至同一时代、同一社会的个人不会有两种完全相同的价值观。人类的各种组织群体也有不同的价值观。在所有这些价值观主体中，个人是人类的终极价值观主体，其他价值观主体的价值观最终都来自个人价值观。但是，其他价值观主体的价值观又会对个人价值观产生影响，在一些社会条件下甚至有决定性的影响。

第二，价值观以价值观主体关于事物价值的观念为基础。通常所说的价值观，主要是指价值观主体的观念价值体系，但它以价值观主体通过经验和学习形成的关于事物的各种价值观念为基础。当然，关于事物的价值观念也属于广义的价值观范畴。这里所说的"事物"不仅指实体性事物，也指非物质性的事物，如文本的意义、信息、活动、虚构的事物等；不仅指事物整体，也指事物的属性、功能、运动变化的规律等。这里所说的"价值"指的是事物的价值性，即它的有利性（正价值）和有害性（负价值），关于事物有害性的观念也属于价值观念的范畴（如关于奴隶制是罪恶制度的观念）。价值观念包括关于事物有正价值或负价值的观念，也包括关于具有正价值的事物的价值大小或优劣的观念。

由于价值观念总是关于事物的价值性的观念，因而就存在着是否真实地反映了事物本身的价值性的问题，也就是存在着真假的真理性问题。一般来说，价值观念是建立在对事物价值性的认识基础上的，认识的真理性决定着价值观念的真理性。但价值观念具有相对稳定性，而价值认识主体和价值认识对象都是在变化的，因而即使过去是建立在真的价值认识基础上的真的价值观念，后来也可能变得不再真了。

第三，价值观是价值观主体的观念价值体系。虽然价值观以价值观主体关于事物价值的观念为基础，但这并不是价值观内涵的全部，甚至也不是其主要内涵。人们所说的价值观实质上是指价值观主体关于自身的价值问题的根本的总体观念。这种观念是基于价值观主体关于事物价值的观念并根据自身的实际和环境条件形成的，也会受到社会主导价值观、各种流行的价值观以及文化传统的影响。因此，价值观并不等于关于事物价值的观念，而是在此基础上多种因素相互作用所形成的关于主体自身的价值观念。

从价值论的角度看，关于事物的价值观念或者说一般价值观存在着真理性问题，而主体价值观因为以主体的需要（体现为欲望、愿望等）为基础和根据而具有相对于主体的性质或主体立场性（也可以一般地说具有主体性和相对性），因而不具有真理性。但主体价值观仍然存在合理不合理的问题。如果价值观主体能够给自己的价值观提供充足的理由，通常也能够得到理解和同情，得到他者的认可。两个层次的价值观都存在正确性的问题，只不过一般价值观正确性的标准是真理性，而主体价值观正确性的标准是合理性。

第四，价值观可能是自发形成的，也可能是自觉构建的。自发形成的价值观有两种情形：一是在轴心时代前的文明社会就已经形成的比较成型的价值观，这种价值观基本上是自发形成的。二是轴心时代有了自觉构建的理论价值观之后，统治者和普通民众（包括近代以来出现的组织）也会在文化传统、社会意识形态以及思想家的理论价值观影响下，根据自己的经验自发地形成某种价值观。今天，几乎每一个价值观主体都有自己的价值观，他们的价值观大多都是在社会环境和教育的影响下逐渐形成的，并不一定是自觉构建的。自觉构建的价值观亦有两种情形：一是思想家构建的理论价值观。二是价值观主体自觉构建的价值观。随着教育文化的发展和丰富，各类价值观主体都有可能自觉构建自己的价值观，尤其是基本共同体会构建一种社会主导价值观，并运用政治力量加以推行和倡导。

从以上对价值观界定的阐述不难发现，主体价值观具有明显的体系性特征，是观念的价值体系，可以说这两个概念是同义的。但是，价值体系不仅有观念的价值体系，还存在现实的价值体系，它是社会的深层结构。如果把社会的结构划分为现实生活、文化结构和价值体系三个层次，那么可以说，价值体系是文化结构的实质内涵，而文化结构是现实生活的深层结构。现实价值体系不是实体性的实物，而是精神性的意蕴，可以说是现实生活和文化结构的灵魂，它通过文化结构来体现，通过现实生活来呈现。然而，现实的价值体系并非外在于或独立于观念的价值体系，而是观念价值体系的现实化。当然，这种现实化往往是不完全不充分的，但观念价值体系是现实价值体系形成的主要依据这一点是不可否定的。据此，我们可以对价值体系定义如下：所谓价值体系，就是价值观主体自发形成或自觉构建的主体价值观及其现实化的结果，其实质内涵是主体价值观。

孙：您谈到价值观划分为一般价值观和主体价值观，请您谈谈这两种价值观的关系，以及作这样的区别有什么好处。

江：世界观一般来说是关于宇宙（世界）的根本的总体的观念，其对象是整个宇宙，价值观表面看来像宇宙观一样是关于事物的价值的根本的总体的观念。但人们通常所说的价值观并不是指关于事物的价值的观念，而是指价值观主体关于自身的价值问题的观念。我们无疑要尊重人们对价值观的习惯理解，这样才不至于引起思想、表达和交流的混乱，但作为价值论研究者要清楚地意识到，人们习惯上理解的价值观是以对事物的价值的一般观念为基础的。所以，我提出实际上存在着两种不同意义的价值观：一是一般意义上的价值观，即价值观主体关于万事万物的价值的观念，可简称为一般价值观；二是价值观主体意义上的价值观，即关于主体自身的价值的观念，可简称为主体价值观。一般价值观通常是不成体系的，因为宇宙万物太复杂，人作为价值观主体不可能对万物的价值形成完整、系统的观念。与之不同，主体价值观通常是成体系的，因为作为价值观主体的人，必须形成关于自身的价值的系统观念才能够在社会中生存和发展。主体价值观尤其是基本共同体的价值观，有不同的层次和不同的维度，而且有其核心结构，是比较完整的价值体系。正是在这种意义上，我们可以把主体价值观称为主体的观念价值体系。

一般价值观是人们在生活经验中、在接受教育和社会影响的过程中自发形成的，通常是不成体系的，而主体价值观则通常是价值观主要自觉构建的。前面已经谈到，一般价值观是主体价值观的基础，而主体价值观是我们通常所说的价值观的实质内涵或主要内容。一般价值观可以说是本体论的价值隐含，在某种意义上也可以说是世界观的一部分。例如，先秦道家认为天人相通、万物一体，这种本体论观念就隐含着人类并非宇宙的中心而是与天地万物平等的一般价值观。一般价值观是作为一种观念定式在人们构建或更新自己的价值观时潜在地或者说作为一种"前见"发挥作用的。当然，主体价值观在形成过程中和形成以后也会对一般价值观产生影响，会程度不同地改变它。

今天，人们在谈价值观的时候往往忽视了或者根本没有意识到有一种一般价值观对人发生作用，因而在构建或更新自己的价值观的时候没有想到要对一般价值观进行反思、检视和构建或更新，因而价值观往往与世界观不一致或存在冲突。对价值观作上述区别的意义就在于此。它是要告诉人们意识到自己的主体价值观背后还有一个更深层次的一般价值观作为基础，无论是构建自己的价值观还是更新自己的价值观，都需要对一般价值观作反思和检视，从而作出要不要重新确立或更新一般价值观的选择。

孙：您这样理解价值观，那就要相应地改变对世界观、人生观的理解，请您根据您对"三观"的界定具体谈谈它们之间的关系。

江：在我国，自20世纪80年代"价值观"一词出现后，人们就开始将它与"世界观"和"人生观"两个词联系起来，称之为"三观"。谈到"三观"，一般都是就个人而言的，其他类型的价值观一般分别与本体观和人生观有些许联系，但联系并不紧密，而只有个人的价值观才与其世界观、人生观密不可分。

关于"三观"，我国流行的观点认为，世界观是人们对整个世界的总的看法和根本观点；价值观是指人对客观事物的需求所表现出来的评价，它包括对人的生存和生活意义即人生观的看法；人生观是人们在实践中形成的对人生目的和意义，对人生道路、生活方式的总的看法和根本观点，它决定着人们实践活动的目标、人生道路的方向，也决定着人们行为选择的价值取向和对待生活的态度。三者之间的关系在于，一个人的世界观是否正确，直接影响其价值观和人生观。或者说，有什么样的世界观就有什么样的人生观，有什么样的人生观就有什么样的价值观。"三观"尤其受到我国思想政治教育界的高度重视，思想政治教育工作者把"三观"教育作为思想政治教育的主要内容之一。人们虽然经常谈"三观"，但似乎并没有说清楚它们之间的关系。

把世界观理解为人们对整个世界的总的看法和根本观点，有一个明显的错误，即把世界观之"观"理解为"总的看法和根本观点"。实际上，世界观之"观"像价值观之"观"、人生观之"观"一样不属于"看法"或"观点"，而是观念，是基于看法或观点形成的对看法或观点的确信。因此，世界观实际上是人们对于世界或宇宙的根本的和总体的观念。世界观从哲学的角度看是关于世界真实性的观念，这种观念就是哲学中的本体观。从这种意义上看，价值观与世界观的关系也就是它与本体观的关系。

价值观与本体观之间存在着错综复杂的关系。仅就同一个价值观主体自身的价值观与本体观的关系而言，两者之间存在着双向的相互作用关系。一方面，本体观对价值观具有根本性决定作用。一个人确立了某种本体观后就会把视作本体的某种东西看作是最真实的，这种东西就成了他的最高信念，他也就会把这种东西视为满足自己需要的最终源泉。于是，他所确信的本体就成了他确立一切价值观念的根基，把获得或达到这种本体作为人生的最高追求。另一方面，价值观也会丰富和深化本体观，甚至使本体观发生根本性变化。一个人首先形成的是常识本体观，当他通过接受教育或影响而确立了某种哲学价值观时，他可能会改变自己的常识本体观而接受作为这种价值观支撑的本体观。

人生观最简单地说就是关于人应该成为什么样的人、人应该过什么样的生活的观念。相比较而言，价值观与人生观的关系更为直接、更为密切。我国是一个十分重视人生观的国度。先秦的儒学、道学以及后来的佛学在一定意义上可以说都是关于人生观的学说，1923年到1924年间中国思想界还发生了一场影响深远的人生观论战。今天把人生观理解为对人生总的看法和根本观点在我国仍然十分流行，这种理解不仅存在着把原本是人生观念的人生观理解为关于人生的看法和观点的问题，还丢掉了从本体论考察人生的人生观传统，仅从现实生活的层次理解人生，于是认为有享乐主义、厌世主义、禁欲主义、幸福主义、乐观主义、共产主义人生观等几种有代表性的人生观。

实际上，人生观不是对人生的看法和观点，而是对人生形成的根本的总体的观念，它是与本体观直接关联的，两者之间存在着相互生成的关系。从哲学的角度看，人生并不等于人日常的生活，而是有着更深刻的意蕴。人的整个生命过程包含着由表及里的三个层次，即生活（即狭义的人生，指现实生活）、人格和人性。人性是人生的根基和潜质，或者说是人生的各种潜在可能性；对人性进行开发（主要是通过教育）就形成了人格，人格是人性的现实化；发挥人格的过程则是现实生活，现实生活是人格的体现。对人性的开发也好，对人格的发挥也好，归根到底是人自己作为的结果，正是在这种意义上可以把这种开发和发挥视为人生的两个层次的自我实现过程。这两种自我实现虽然在逻辑上有先后，但在实际上并无绝对的先后，两者是相互作用的，虽然在人一生中的前期侧重人性开发，后期侧重人格发挥。由此可见，人生实质上是一个自我实现的过程，而在这个过程中会形成对人生的一些根本性、总体性问题的观念，这就是人生观。

人生不仅包含人性作为其根基和深层内涵，人生还与宇宙万物相互关联、相互贯通、相互作用。人生观与本体观直接相关，对人生的理解离不开对万物的理解，可以说人生观是本体观的特殊部分或核心内容。一个信奉常识本体观的人，绝无可能有深邃的、高尚的人生观。在人类思想史上，那些深刻的哲学家的人生论都是与本体论紧紧地纠缠在一起，完全无法分开。当然，历史和现实中有不少人是不管本体观来谈人生观的，这种人生观就不是哲学意义的人生观，而是研究人生的社会科学。

价值观与人生观的关系可以从两个层面看。从一般价值观看，价值观与人生观并无多少直接联系，但从主体价值观看，价值观与人生观具有大致相同的实质内涵。我们对于周围各种事物利害性的观念对关于人生的根本性、总体性观念即使有影响，也只有很弱的影响。与一般价值观不同，主体价值观是关于人生终极价值目标及其实现的观念。这些观念显然与人生观交叉重叠，两者在内容上是一致的，其差别主要在于它们看待人生的角度不同。人生观主要是从根本上总体上看待人生所形成的关于人应该成为什么样的人和应该过什么样的生活的观念，相对于人生而言，这些观念具有整体性。价值观则主要从价值的角度看待人生所形成的关于成为什么样的人和过什么样的生活才有价值的观念，所表达的是人生的价值实质及其内涵和意蕴，相对于人生而言，这些观念具有实质性。人生观是与本体观是直接联系的，有什么样的本体观就有什么样的人生观。主体价值观与一般价值观是直接联系的，一般价值观给主体价值观奠定基础，而它本身又与本体观相关联，可以说是本体论的实质内容。从这种意义上看，价值观与人生观在根本上是相通的，有着共同的观念根基。

孙：您这些年发表了多篇关于（美）好生活的文章，而且特别重视价值观与好生活的关系，您能简要地阐述一下它们之间的关系吗？

江：为什么人类会形成价值观，后来又自觉地构建价值观？为什么不仅人类个体有价值观，而且日益增多的组织群体也有价值观？为什么价值观具有体系性，而社会价值观必须转化为现实价值体系？从终极意义上看，是因为有价值观的规导，作为人类个体的个人才能更好地生活。人类生活在世界上，一切追求都会集中到或汇集到过上好生活，而好生活必须用价值观规导，社会的价值观则必须将其转化为现实价值体系才能发挥规导作用。

当然，价值观作为人类发明的事物像人类发明的其他事物（如科技）一样，是双刃剑。正确的价值观能使人过上更好的生活，而错误的价值观会使人过上更糟糕的生活。但无论是有意识的还是无意识的，人类还是作出了这样的选择：宁可付出有可能确立错误价值观而导致坏生活的代价，也要选择有价值观规导的生活。因为作出了这样的选择，如果规避了风险，人类会在正确价值观规导下过上更好的生活。

价值观是体现人的本性要求而又自发地发生作用的人生计划，它对人性实现（即自我实现）的状况、对生活的好坏便具有决定性的作用。一个人的价值观充分体现人本性的那种不断充分实现人性的根本要求，这个人的人性就能够不断地得到充分的实现，他的人格就会不断得到完善，他的生活也就会越来越好。相反，一个人的价值观不能体现人本性的根本要求，他的人性就不能不断得到充分的实现，他的人格就不能不断得到完善，甚至还会出现人格问题。当然，在现实生活中，没有那种完全体现人本性根本要求的价值观，也没有完全不体现人本性根本要求的价值观，人们的价值观通常是在两个极端之间。但可以肯定的是，价值观体现人性根本要求的程度，决定着一个人人性实现或自我实现的程度、人格完善的程度、生活的好坏及其程度。人生长和生活在现实社会中，而现实社会极其复杂，一些人的价值观可能因为受到社会上的不良因素的影响而偏离甚至背离了人本性的根本要求。一旦发生这种情况，一个人的人性就得不到应有的实现，他的人格必定会发生问题，他的生活也只会是坏生活。由此不难看出，价值观对于人格、人生具有何等重要的意义。

个人在价值观的形成上存在着自觉不自觉构建的差异，所以不同个人的价值观对其人性的实现就存在着差异。一般来说，价值观越是自觉构建的，越是具有实践力量，对人性实现的作用就越大，反之就越小。那种完全自发形成的价值观实际上类似于人所形成的各种零散的价值观念，虽然其中也会有有关什么是终极价值目标及其如何实现价值目标的观念，但并没有以它们为中心构建为一个有机的价值体系，价值观念之间不能相互支持、相互促进，也就不能形成合力。如此一来，价值观也就不具有多大的实践力量。

所有的组织群体大多是由个人发起组成的，今天，人们组建和参加的组织群体越来越多。人们在组建和参加组织群体的过程中也会为群体确立价值观。之所以如此，也是因为群体有价值观有利于群体形成合力和实现利益，从而对其成员过上好生活有所助益。个人好生活的许多条件和内容是不可能单凭个人的力量使之具备的。比如，安全是个人好生活的必备条件，而安全需要社会提供；家庭温情是好生活的重要内容，而这是单身汉不可能具备的。这就是说，组织群体的价值观也对个人的好生活具有重要意义。

基本共同体（在当代为国家）的价值观对其成员个人好生活具有根本性、总体性影响。任何一个基本共同体对其成员生活的好坏都有着巨大影响，今天的国家价值观的影响更广泛、更深刻。国家价值观对个人好生活的影响可归结为间接影响和直接影响两个方面。

所谓"间接影响"，就是社会价值观通过社会的好坏对个人好生活产生影响。价值观是社会的灵魂，决定着社会是不是好社会，而社会好不好从根本上和总体上规定着其成员个人的生活好不好。社会对个人好生活至少有三方面的影响：一是条件。社会给个人生活提供基本条件，包括物质保障、安全保障、权利保障。二是环境。社会给个人生活提供社会环境和生态环境。三是机会和平台。社会给个人提供受教育机会、工作机会、发挥才干的平台。社会价值观对社会成员好生活的影响是通过将其转化为现实价值体系实现的，而现实价值体系通常是以制度、法律、道德等作为载体来体现的。

所谓"直接影响"，就是社会价值观可直接影响其成员个人的价值观，从而对个人好生活产生影响。社会一方面为了形成共识、凝聚人心、汇聚合力，另一方面为了给全体社会成员选择和确立自己的价值观提供指导和方案，必定会利用一切途径尤其是舆论宣传、学校教育来让社会成员接受社会的价值观。在社会意识形态的强力推动下，个人的价值观总会程度不同地受到社会价值观的影响。如此一来，社会价值观正确与否就会通过对个人价值观的作用而影响个人生活。正确的社会价值观会促进人们普遍确立正确的个人价值观，从而过上好生活，而不正确的社会价值观会导致大多数社会成员无法过上好生活。

需要再次强调的是，无论是个人还是组织群体、基本共同体，只有在其价值观是正确的前提下，价值观才能给人积极的、正面的规导，从而使人过上好生活。如果价值观是错误的，虽然仍然能起到规导作用，但必定会使人过上不好的生活甚至坏生活。不仅个人自己的价值观错误会如此，任何一种组织群体、基本共同体的价值观不正确，都有可能给其成员带来坏生活甚至会终止好生活的进程。这就清楚地告诉人们，人不仅要有价值观，而且要有正确的价值观，否则人非但过不上好生活，反而会过上甚至比没有价值观更悲惨的生活。

孙：您是国内研究价值论的前辈学者，您早年主张将价值论与伦理学打通，现在您还坚持这种观点吗？如果有所变化，变化在哪里？为什么会发生变化？

江：在今天的哲学家族中，有一些研究不同领域的常态价值问题的分支学科，其中比较重要的是伦理学、政治哲学和美学，人们通常把这三个学科视为价值学科，甚至将它们归为价值论的范畴。其实，这三个学科虽然都属于价值学科，但它们并不是价值论的构成部分。属于哲学价值学科的并不止这三个学科，还有不少其他学科，如经济哲学、宗教哲学、艺术哲学等。

伦理学作为一门学科是由亚里士多德创立的。两千多年来，伦理学研究的对象主要是道德，研究的领域是道德现象，而关注的中心问题是好生活或善生活，通常也被理解为幸福生活。尽管不同伦理学家研究的重点不同，但总体上看主要研究了道德价值即善恶问题、道德品质即德性恶性问题、道德情感即德情恶情问题、道德行为即正当不正当问题，以及道德体系问题。其中善恶问题是每一位伦理学家都必须回答的问题，对这个问题的回答直接关系到对好生活的构想。

伦理学、政治哲学、美学都是从哲学的角度研究相关领域的价值问题，但与价值论存在着三个区别：其一，伦理学比价值论出现得早，它们都是哲学家独自创立的，而价值论则是为了哲学体系本身完善而自觉构建的。其二，伦理学和其他哲学价值学科是彼此独立的学科，对它们涵盖领域的研究比较全面、具体、深入，而价值论研究则把这些领域的研究作为整个学科体系中的一个部分，研究得比较宏观，同时也会把它们联系起来进行系统研究。其三，伦理学在今天有比较明显的朝应用化方向发展的迹象，但价值论作为哲学的主干学科，不可能变成应用型学科。

由于存在着上述几个区别，所以不能将伦理学等价值学科视为价值论的学科，而应该说是属于哲学的价值学科，价值论对于它们具有规导意义。从未来发展趋势来看，哲学的价值学科都将会成为哲学的应用学科，甚至成为社会科学。例如，伦理学将来有可能成为一个社会学的分支，即道德学。我早年主张把伦理学与价值论打通的主张，今天看来既不现实，在理论上也难以理顺。现在有学者主张将伦理学改称为道德学，也许反映了伦理学学科发展的未来走向。

孙：您把国内目前研究的价值论视为一般价值论，认为一般价值论是理论价值论或价值论基础而不是全部，除此之外还包括实践价值论和元价值论。您能够简要地勾画一下您所主张的价值论体系吗？

江：价值论作为学科出现的时候关注的是基础性价值问题，即一般价值论，主要研究价值的本性、本质、规律、形式等问题。在价值论作为学科出现之前，伦理学、政治哲学、美学等价值学科已经出现，但它们并不是严格意义上的价值论，而是独立的哲学分支学科。更值得注意的是，一般价值论出现后，这些价值学科并没有归属于价值论，它们仍然独自发展，同时还出现了一些新的价值学科。从可以预见的未来看，这些学科将来也不可能纳入价值论，它们仍然会独立发展。当然，有了价值论这一哲学的主干学科之后，这些学科可能会越来越朝着哲学的应用学科发展。

那么，价值论作为哲学的相对独立的主干学科，它的结构应该怎样？或者说，我们应当怎样来构建价值论？可以肯定的是，价值论如果仅仅局限于价值的基础性问题研究是没有出路的。一般价值论兴起已有一百多年，但它的影响力非常有限。直到今天，人们谈到哲学时仍然很少想到哲学中有价值论这个内在主干学科，大多想到的只是伦理学、政治哲学、美学等哲学价值学科。因此，价值论要真正成为有影响力的哲学学科，必须在一般价值论的基础上进行扩展，使之成为像本体论、知识论一样有自己独特的研究领域、有自己丰富的学科内涵、其他学科不可替代的学科。

从整个哲学学科内在主干学科的结构布局来看，本体论研究世界的本体，知识论研究世界的知识，价值论则在本体论和知识论的基础上构想理想世界。需要注意的是，这里所说的"世界"并不是传统哲学意义上的宇宙，而是以人为中心观看的宇宙，其范围就是以地球为中心的日地月系统。对于人类来说，这个世界实际上所直接涉及的就是社会和生态，因为只有这两个系统人才是可以作用的，对于宇宙其他的领域人类基本上不能起什么作用。因此，价值论所研究的主要领域也就是社会和生态，它所关注的终极问题还是个人、个人的生活。本体论也好、知识论和价值论也好，它们不以人为中心、不为解决人的问题来展开研究，就是没有意义的，而价值论更是如此，它要给人类提供理想世界的方案。

着眼于以人为中心的日地月系统来构建理想世界，价值论可以划分为三大部分：第一部分为基础理论研究，大致上相当于一般价值论，这部分可称为理论价值论；第二部分为价值体系研究，包括好生活、好人格、好社会和好生态等主要方面，这部分可称为实践价值论；第三部分为价值语言研究，包括价值论所使用的概念、判断（命题）、推理、理论体系等，这部分可称为元价值论。这三个部分之间的关系是，基础理论是价值体系的前提和基础，对价值体系的构建具有规导作用；价值体系研究则以好生活为中心，分别向个人和向社会、环境两个方向展开。在好生活、好人格、好社会和好生态中，好生活是中心，好人格是好生活的主观条件，好社会和好生态则是好生活的环境条件或客观条件。价值语言研究是为基础理论和价值体系研究服务的，其目的是要使作为一种哲学知识的价值论建立在确实可靠的基础之上，使之得到理论上的充分论证。从知识标准的角度看，它大致上属于价值论得到充分确证或论证所要求的。

孙：您对价值观和价值论概念的理解应该与对价值概念的理解是一致的吧，请您谈谈您对价值概念的看法。

江：综观价值问题作为哲学的一个研究领域以来，哲学家对价值的理解无非是两大基本观点：一是客观主义观点，二是关系主义观点。对于价值的理解除了客观主义与关系主义的分歧外，还有绝对主义与相对主义、一元主义与多元主义的分歧。这两方面的分歧也与客观主义与关系主义的分歧直接相关。所有这些不同观点都会影响对价值含义的理解和界定。我给价值作了这样一个界定：价值是一事物对于他事物有利的属性，即有利性。这里所说的有利性主要是指事物所具有的有利性质，而主要不是指事物有利性质的程度，也就是说它主要是一种质的一般标准，而主要不是一种量的一般标准。比如，我们说自由是具有有利性的事物。这里有利性指的就是自由所具有的价值性质，也可以说自由是有价值的。当然，有利性有时也指事物有利的程度，从这种意义上看，它意味着事物在多大程度上有利。不只是有利性有这两种含义，有害性、合理性、善性、正当性、正确性之类的术语也都如此。根据这一界定，价值即价值性，而价值性的本性在于有利性。关于这一价值观念的界定，学界同仁肯定有很多不同的看法，这里限于篇幅不展开讨论，需另外用专文阐述。

【执行编辑：陈新汉】

我国价值论研究的主要著作巡礼

A Tour of the Main Works on the Study of Axiology in China

编者按

价值是人类社会生活中的重要现象,如李德顺所说:"从人类开始意识到自己生产和生活中的效益问题时起,价值问题就进入了人类思考的范围。"价值论著作是对价值问题进行研究的结晶,往往是在大量的价值论研究论文的基础上形成的。我国的第一本价值论著作是世界书局于1934年出版的由张东荪撰写的《价值哲学》。尔后由于一些历史原因,尽管价值问题始终是人类生活中普遍存在的问题,但我国对价值问题的哲学研究长期付诸阙如,价值论方面的著作也就没有了。

20世纪80年代,随着我国改革开放的发展,伴随着真理标准问题的讨论和人道主义与异化问题的讨论,我国马克思主义哲学界进入了关于价值问题的哲学研究,发表了大量的价值论方面的论文,与之伴随的是出版了一些较有影响的价值论著作。人民出版社于1985年出版了由李连科撰写的《世界的意义——价值论》,中国人民大学出版社于1987年出版了由李德顺撰写的《价值论——一种主体性的研究》,陕西人民出版社于1989年出版了由王玉樑撰写的《价值哲学》。进入20世纪90年代,随着我国价值论研究逐渐成为哲学中的显学,又有一大批价值论著作面世,其中有袁贵仁撰写的《价值学引论》(北京师范大学出版社1991年版)、赵馥洁撰写的《中国传统哲学价值论》(陕西人民出版社1991年版)、江畅撰写的《现代西方价值理论研究》(陕西师范大学出版社1992年版)、马俊峰撰写的《评价活动论》(中国人民大学1994年版)、陈新汉撰写的《评价论导论:认识论的一个新领域》(上海社会科学院出版社1995年版)、冯平撰写的《评价论》(东方出版社1995年版)、郁建兴和朱旭红撰写的《社会主义价值论导论》

（浙江人民出版社 1997 年版）、何平撰写的《生存与评价》（东方出版社 1998 年版）、兰久富撰写的《社会转型时期的价值观念》（北京师范大学出版社 1999 年版）、张理海撰写的《社会评价论》（武汉大学出版社 1999 年版）和孙伟平撰写的《事实与价值》（中国社会科学出版社 2000 年版）等。这些著作积淀了作者的思考，体现着我国价值论研究的轨迹。

本栏目的开辟就是为了把我国现代价值论研究史上较有影响的一些著作向读者进行介绍，并作一些评价，以利于我国价值论研究的总结及在此基础上的发展。我们期盼读者为本栏目推荐书目并撰写相关的文章。

《价值学引论》的理论视角及启迪

郑 伟[*]

"哲学是时代精神的精华。"回顾中国价值哲学研究的 40 年历程，我们会发现，从 20 世纪 80 年代到 90 年代初，马克思主义哲学研究与中国改革开放的新环境开始深度交融，开启了中国价值哲学研究的奠基时代。在这一开创性的岁月中，实践、认识、价值、真理及其相互关系开始被从各个方面探讨，出现了一大批以价值论、价值哲学和价值学为主题的优秀著作，为 20 世纪 90 年代中期学界关于评价问题的研究、新世纪前 20 年关于价值关系与价值观问题的研究奠定了坚实的基础。其中，袁贵仁先生的《价值学引论》（北京师范大学出版社 1991 年版）同其他著作一道，在中国价值哲学发展史中留下了浓厚的一笔。

一 《价值学引论》的时代背景

从总体上来看，在改革开放伊始的十几年中，价值问题的研究逐渐成为马克思主义哲学研究的一个重镇，并不断反哺中国特色的马克思主义哲学研究。在 20 世纪 80 年代，价值与认识关系问题，成为改革开放第一个十年中的一个重大理论和现实问题。在 80 年代前期，这主要表现为学界关于

---

[*] 郑伟，北京师范大学社会主义核心价值观协同创新中心、价值与文化研究中心、哲学学院副教授，主要研究方向为马克思主义哲学。

"真理阶级性问题"①的讨论，它实际上反映了传统认识论模式下以抽象（阶级）主体为标准的价值判断是否适用于具体实践中的主客体关系问题。从争论的结果来看，针锋相对的两种观点都没有说服对方。其中一个重要原因在于，价值问题不仅涉及"真与假"的事实判断，而且关系到现实主体的价值定位和现实存在状态。这也是随后几年中学界不断试图构建价值问题研究的"本体论"基础的原因之一。

随着价值问题研究的兴起，关于"真理阶级性问题"的讨论发生了"问题域转型"，这就是关于"价值认识有无阶级性"②问题的讨论。从"真理与阶级关系"问题向"价值与阶级关系"问题的视角转换，意味着理论界开始在社会价值评价标准的问题上讨论认识与价值的关系问题，从而第一次对以往作为社会评价与价值判断标准的阶级划分传统进行大规模的理论反思。在此过程中，同样出现了两种鲜明对立的观点③。传统的观点认为，价值作为主客体之间的特定关系，不但客体状况是构成价值判断的必要因素，主体状况也是构成价值判断的必要因素。价值认识具有以不同阶级的利益和需要为转移的特点，因此价值认识是具有阶级性的。与"价值认识阶级论"相反的观点认为，"价值不是一个实体范畴，而是一个关系范畴"④，不能把物体的价值当成物体自身的属性。价值关系虽然涉及主体，以主体的关系为转移，但并不以主体的意志为转移。一个认识是否是真理，并不是由主体的阶级立场所决定的，而是要看它是否同反映的对象相符合。后一种观点的理论意义在于，它把价值认识定位于关系范畴。这种观点逐渐为学界所接受，并为马克思主义价值问题的研究揭开了新篇章。

在随后的价值问题研究中，总体也出现了两种思路。一种是价值问题的认识论解读。这一思路主要集中于基础概念的澄清和关键问题的梳理，例如，进行价值主体、价值客体、评价、真理等基本概念的界定和关系分析，从而在认识论的领域内构建价值认识和评价的一整套框架。这一解读模式的历史贡献在于，它为价值相关领域的研究提供了一系列的概念前提

---

① 《中国哲学年鉴（1983）》，中国大百科全书出版社，1983，第48—49页。
② 《中国哲学年鉴（1986）》，中国大百科全书出版社，1986，第23页。
③ 郑伟：《从主体的变迁到价值观启蒙：社会主义核心价值观研究》，北京师范大学出版社，2021，第198页。
④ 马俊峰：《价值认识、真理价值与真理阶级性》，《哲学动态》1985年第4期。

和问题域,成为马克思主义价值问题研究的重要基石。第二种思路可以被称为历史唯物主义的构建方式。它试图在历史唯物主义的已有框架内,勾勒出一个更加强调马克思主义属性的相对独立的价值体系。从总体上看,这两种思路都面临着一个共同的挑战:价值问题并不仅仅局限于哲学领域,它广泛涉及其他学科。也就是说,价值问题的研究在马克思主义的立场上,如何真正走出纯理论的范式,更加有效地汲取相关学科的研究成果?

在这种情况下,《价值学引论》提供了一个新的研究视角:以多学科为依托,在当代"人类困境"和"人际冲突"的背景下,从选择人类学的文化学的广角镜中,对作为一门相对独立的科学的价值学进行了系统探索[①]。这种理论视角的积极意义在于,它既充分汲取了20世纪80年代价值问题研究的相关成果,又敏锐地意识到了相关研究的视角局限,从而在改革开放以来的马克思主义价值问题的研究乃至学科建构中起到了关键性的承上启下的作用——在随后30年的研究中,价值问题的研究越来越向"功能性"研究的领域靠拢。

二 《价值学引论》的理论视角

《价值学引论》的一个突出特色是以哲学学科为基础的多学科的视角融合。这一视角优势使得价值问题的研究能够有效地突破传统认识论研究范式的理论资源局限,更好地面对和回答各种文化思潮所提出的重大问题。从今天的视角来看,它不是从哲学概念的角度来进行体系建构,而是在"马克思主义与社会科学"的领域进行体系建构。

在这样的理论视角下,《价值学引论》的第一部分首先探讨的不是"价值"的概念,而是"价值的本质"。这种"本质探讨"是将价值问题首先作为一种"已经存在"的社会现象加以系统地考察和分析。在这其中,人的社会性因素、价值关系的社会制度色彩、价值发展阶段性特征和价值问题的社会重要性等问题,始终是作为一个"开放"的领域被不断建构的。也就是说,在"哲学社会科学"的视野中,关于"价值本质"的解读不是概

---

① 王克千:《价值学的新探索——读〈价值学引论〉》,《毛泽东邓小平理论研究》1992年第6期。

念之间的定位和逻辑推演，而是"领域"之间的界定。也正是在这样的研究视域中，中国价值问题研究的"时代目的"才能得到真正凸显：面对不断发展着的中国特色社会主义实践需要和由此产生的各种社会文化思潮，基于马克思主义的立场进行社会主义核心价值观的建构，形成整体层面上的马克思主义价值自觉并具体化为现实的价值交往原则和价值观引领。

在对"价值的本质"进行"哲学社会科学"考察的基础上，《价值学引论》的第二部分系统分析了价值的运动过程。在这一问题的分析中，其思路也并不是基于传统"主体——中介——客体"的认识论模式，而是从"价值的创造过程"—"人对价值的认识过程"—"价值的实现过程"的逻辑进行展开的。这种逻辑思路既尊重了价值现象的社会客观性，又合理地界定了人的主体性，从而对20世纪80年代中期"价值问题有无阶级性"的讨论给出了更加全面的解答："价值"作为一个"关系"范畴，人的主观性在"归根结底"的意义上要受到人的主体性的制约，而人的主体性则是在社会关系的客观性环境中形成的。与此同时，这样的一个解答思路，也与历史唯物主义的视野形成了更深层次上的互动。价值关系的分析并不能直接等同于生产力与生产关系、经济基础与上层建筑的宏观结构分析，而是要在此视角下深入到主体生活的具体层面——我们在理论上所讨论的"人"，并不是一些简单的概念设定，而"这是一些现实的个人，是他们的活动和他们的物质生活条件，包括他们已有的和由他们自己的活动创造出来的物质生活条件"①，他们对自己的价值关系处境能够形成不自觉的体会或自觉的认识，但同时也会在"群众"层面适用恩格斯的"历史合力论"。在此，个人与集体、个人与社会、社会与历史处在了一种更加开放和互动的体系结构之中。

在澄清了"价值的本质"和"价值的运动过程"基本逻辑的基础上，《价值学引论》论述了"价值的作用"。在这一部分，作者的一个重要观点是，价值的社会作用是通过价值意识的作用来实现的。如果说，前两部分主要关注的是人的主体性和价值观的客观性维度的话，那么这一部分则聚焦于"人的主观性"的维度。这种主观性维度的阐发，并不是价值意识层

---

① 马克思、恩格斯：《马克思恩格斯选集》第 1 卷，人民出版社，2012，第 146 页。

面的"唯意志论",也不是单纯地强调人在"主观性"层面的能动性,而是在尊重人的价值倾向和价值选择的同时,与整个社会发展运行的价值维度和社会发展的价值倾向结合起来,从"人与人的具体冲突"走向了"人与人的社会统一"。在此,人的活动的目的性、人的价值选择的主动性和社会发展的客观性在"人类社会活动"的视角中实现了更高层面上的统一。

从总体上看,《价值学引论》虽然其名为"价值学",但实际上仍然是一本"价值哲学"的"论著",其总体框架和逻辑思路实际上是对整个20世纪80年代马克思主义视角中的价值问题研究进展及其问题的系统总结和解答。作者虽然将哲学问题的解答置于更广泛的社会科学的理论视野之中,但其关键概念和理论体系仍然是一种马克思主义立场上的哲学建构。《价值学引论》的执着在于,马克思主义价值问题的研究需要"价值哲学"的基石,但同时必须走出纯理论的领域,基于马克思主义的立场与更为广泛的社会科学实现深度融合。

三 《价值学引论》的当下启迪

自1991年《价值学引论》面世以来,中国价值哲学研究不断取得新的进展。从20世纪90年代中期关于"价值与事实""价值与评价"的研究,到20世纪前十年关于社会主义核心价值体系的研究,再到2012年以来关于社会主义核心价值观的研究,从社会历史发展的客观性层面上不断印证着《价值学引论》的主题——不断走向"哲学社会科学"的"价值学"。

从学术发展史的层面来看,《价值学引论》"引"领读者的目的并不仅仅是一个"价值"问题研究的相关学科,而是一个崭新的时代领域——价值问题与社会的关系。早在20世纪50—70年代,日本学者作田启一就将其社会学专著命名为《价值社会学》。虽然其社会学的思路主要是围绕并服务于战后日本社会现状展开的,但仍然给我们提供了一个重要启示:价值问题的研究必须聚焦于特定的社会环境。《价值学引论》之后,关于价值观认同、中国传统价值观及其与西方价值观关系研究,都在不断凸显价值学研究的"主体性"问题——我们如何在传统与现代交织、中西思想文化对撞与交流的时代环境中确立我们自身的"主体性"价值自觉?在这种情况下,

《价值学引论》不仅是将读者引入了一个新的研究领域，同时也是为接下来的研究揭示了一个新的研究使命：当代中国人的主体自觉。

从学科发展的层面来看，哲学社会科学领域多学科交叉的不断深入，使得《价值学引论》的相关理论观点具有了更为深厚的资源支撑。21世纪以来，各种以"价值"和"价值观"为主题的研究中心的成立，使得社会调查、心理分析、文化分析、大数据分析等多学科工具在价值与价值观领域研究中日益融合，从而使得价值和价值观问题的研究更具时效性和针对性。但与此同时，一些研究成果在突出时效性和针对性的同时，其理论框架的前瞻性维度也发生了不同程度的下降。这一现象的产生，也使我们认识到，没有一般意义上的价值学研究的基础和框架，单纯依靠数据分析和相关思想文化领域的局部解读，并不能很好地反映中国的价值关系处境和价值观现状——它们同样需要"价值学"层面的主体自觉。这种自觉突出地表现为研究视角的自觉和理论体系的完整。在这种情况下，《价值学引论》所能提供给我们的一个重要启迪是：我们所进行的价值与价值观相关问题的社会调研，必须充分重视价值问题的产生过程，使相关研究领域既包括能够"看得见"的数据和现象，也包括"看不见"的思想文化发展史。

从文化转型的层面来看，《价值学引论》给我们的一个重要启迪是要充分重视"价值意识"的作用。"价值意识"并不仅仅是当代的产物，也不仅仅是某一个特定地理空间的产物，它是整个人类文明的产物。在关于价值问题特别是价值观的研究中，我们往往聚焦于特定社会制度的价值观分析或不同制度之间的价值观比较。实际上，同一国家和民族在不同时期的价值交往和价值观特征之间的关系特别是彼此之间的转型，同样需要予以关注。在我们反思传统之前，我们本身一定程度上就是传统的产物。我们思想文化中的传统意识特别是价值评价原则如何能够更好地适应当下中国社会交往的需要并发挥积极作用，实际上成为《价值学引论》之后的一个重要子课题。从这个角度来看，进行中国近代以来价值关系和价值观变迁史乃至转型史的研究，可以而且应该成为价值问题研究的一个基础领域。对这一领域的澄清，客观上有助于我们形成关于历史文化的"价值自觉"，更加客观与理性地看待中华优秀传统文化的创新性发展和创造性转型，更好地实现中华优秀传统文化与新时代中国特色社会主义在价值框架层面上的逻辑对接。

从当代中国哲学社会科学的发展来看，当下中国价值问题的研究是直接服务于中国特色社会主义理论"话语主导权"的。价值和价值观研究的直接目的是服务于社会共识的达成，社会共识本身就是一种"话语权"。对内，这包括使社会主义核心价值观植根于中华优秀传统文化，为社会共识的凝聚提供理论支撑和方法论指导，更好地服务于社会主义核心价值体系和社会主义核心价值观建设。对外，这包括以"讲好中国故事"在内的"中国特色社会主义"话语权的维护。在"讲好中国故事"的问题上，我们并不缺少素材，而是遇到了"中国事情故事化"表达的价值框架的挑战。这种叙事背后的价值框架，恰恰需要《价值学引论》所涉及的广义哲学社会科学的价值学研究的支撑。可喜的是，学界在这一问题上一直在展开深入研究——向下，这表现为关于价值学元理论的研究；向上，这表现为"价值人类学"等一系列新视角的尝试。

"改革开放的实践，需要价值哲学的深度参与。"[①] 回顾中国价值哲学40年的研究史，我们会发现，包括《价值学引论》在内的一大批20世纪80年代中期至90年底初的优秀著作，在中国价值和价值观问题的研究领域，进行了广泛而深入的探索。这种探索的历程是与中国改革开放的总体历程相一致的。他们所提出的问题及其解答的视角和思路，直到今天，仍然具有重大的理论启迪和方法指引作用。

【执行编辑：张艳芬】

---

① 吴向东：《中国价值哲学四十年》，《当代中国价值观研究》2018年第6期。

价值论基础理论研究

Research on Basic Theory of Axiology

杜威实用主义价值理论的洞见与局限

黄凯锋[*]

【摘　要】 美国实用主义代表人物杜威对价值问题的分析和理解超越了一般意义上的"实体说"和"属性说",强调现实"情境"中的"关系",他以评价判断的预测性和创造性佐证主观价值论,重视真正值得的"理性"的喜欢,强调行动、经验的意义,突出说明手段和目的的连续性、相互依赖性和批判性检验。这些堪称深刻的洞见丰富和深化了我们对价值论基本问题的理解和认识。与此同时,也应看到:以"经验"概念的绝对化弥合主客观价值论的两极思维,实际上又陷入传统形而上学的套路。评价判断固然要在行动、经验和具体情境中发生作用并指导生活,但并不能因此忽视客观的价值标准,否定普遍意义上的"好"。从这个角度去看,杜威的价值理论又有其局限性。

【关键词】 主客观价值论;评价判断;目的;手段

美国实用主义代表人物杜威的思想研究自 1986 年刘放桐先生发表《重新评价实用主义》、1988 年成都召开实用主义哲学讨论会以来,逐步走出全

---

[*] 黄凯锋,上海社科院中国马克思主义研究所研究员,主要研究方向为价值论、伦理学。

盘否定的批判模式。学术界围绕杜威实用主义哲学的基本定位和价值观等主题展开研究并取得丰硕成果①。1994年到2004年间，技术哲学、传播学和社会哲学成为研究杜威教育和哲学思想的新的切入点。杜威对主客体一致性、行动重要性等研究引起不少学者的共鸣，而美国实用主义的复兴也曾推波助澜②。此后一段时间，更多学者关注杜威进步主义教育思想③。有学者还专门对百年来（1912—2012年）杜威思想在中国传播进行文献统计分析④。复旦大学组织《杜威全集》翻译出版，为深入研究杜威思想提供了更加完整的文本依据⑤。与本文密切相关的杜威实用主义价值理论较为系统的介绍得益于江畅的《现代西方价值理论》⑥、万俊人的《现代西方伦理学史》（下卷）⑦和王玉樑的《价值的追求——重读杜威》⑧。随后，冯平等相继发表论文研究杜威价值哲学之要义、价值判断作为实践判断的性质、价值判断的可证实性等专题，进一步深化杜威价值理论研究⑨。2020年《学术月刊》第1期发表一组"多重视角下的实用主义"笔谈，刘放桐、童世骏、安乐哲和陈亚军分别对杜威实用主义学说的价值和意义进行了方法论角度的概括。

总体来说，多数学者对杜威实用主义思想包括价值理论的分析视角和启发意义多有肯定，杜威对经验、行动、评价等概念的独特理解、对哲学之于人生的指导性功能也为不少学者认可，杜威实用主义哲学与马克思主

---

① 顾红亮：《关于近20年来杜威哲学研究综述》，《哲学动态》1997年第10期。
② 庞丹：《关于近十年来我国学界杜威思想研究述评》，《理论探讨》2008年第1期。
③ 王允：《"近十年我国约翰·杜威研究的现状分析"文献综述》，《中国校外教育旬刊》2013年第4期。
④ 李志强：《杜威思想在我国百年传播史的实证分析》，《福建论坛》2012年第8期。
⑤ 2015年8月复旦大学杜威研究中心在刘放桐教授主持和带领下完成《杜威全集》全部翻译工作，并由华东师范大学出版社出齐39卷。
⑥ 江畅：《现代西方价值理论》，陕西师范大学出版社，1992。
⑦ 万俊人：《现代西方伦理学史》，北京大学出版社，1990。
⑧ 王玉樑：《价值的追求——重读杜威》，四川人民出版社，1997。
⑨ 参见冯平：《杜威价值哲学之要义》，《哲学研究》2006年第12期，第55—62页；《价值判断的可证实性——杜威对逻辑实证主义反价值理论的批判》，《复旦大学学报（哲学社会科学版）》2006年第5期，第112—119页；《价值判断是一种实践判断——杜威实验主义价值论的核心命题》，《复旦大学学报（哲学社会科学版）》2019年第6期，第74—84页；燕连福：《批评是价值哲学的开端——试论杜威对价值哲学的改造》，《世界哲学》2011年第4期，第108—116页。

义唯物史观比较研究也成为博士论文选题①。但相对而言，结合具体文本，聚焦价值论基本问题，辩证认识杜威实用主义价值理论得失的研究还不很多见。本文主要以 2009 年北京师范大学出版社出版的《现代西方价值哲学经典·经验主义路向（上册）》所选杜威价值理论论著和 2015 年华东师范大学出版社出版的《杜威全集·晚期著作（1925—1953）》中的部分相关论著（第 1 卷和第 13 卷）为主要依据，结合已有研究成果和个人的理解，分析杜威实用主义价值理论的洞见与局限，辩证认识其理论优势和不足之处，以求教学界同仁。

一 "关系""情境"与"经验"

价值究竟是主观的还是客观的？事物是因为我们对它有欲望才有价值，还是因为它有价值我们才需要它？这是价值论研究中首先碰到的基本问题②。杜威相关著述对此有一套个性鲜明的阐释，以"关系""情境""经验"等概念为铺陈，看似强调主客观统一，实际上支持以评价判断为核心的主观价值论，概括来说主要包含如下两个相互联系的方面。

（一）在"关系"和"情境"中理解价值

1949 年收在 Ray Lepley 主编的《价值：一种合作研究》中的《价值领域》一文是杜威生前发表的最后一篇关于价值问题的论文③，此文回应了哲学家们对杜威关于评价和价值理论的几种批评，从中我们可以看出他分析总结价值理论基本问题的立场和方法。

杜威首先提出"价值事实领域"（the field in which value-facts belong）的概念，认为这个概念涉及行为，必须用适合行为题材的方法来理解，同

---

① 参见蒋晓东：《马克思实践观与杜威实践观比较研究》，湖南大学博士论文，2011。
② 参见〔阿根廷〕方迪启（Risieri Frondizi）：《价值是什么——价值学导论》，台湾联经出版事业公司，1984；孙伟平：《价值与事实》，中国社会科学出版社，2000。
③ 参见冯平主编：《现代西方价值哲学经典·经验主义路向（上）》，北京师范大学出版社，2009，第 218 页译注。此文尤其重点回应哲学家们对杜威 1944 年发表的《关于价值的几个问题》一文的批评。

时还要确定一些附加限定性条件：(1) 将生命过程限定为选择与拒绝过程；(2) 详细说明这个事实：选择与拒绝过程保持了整个生命过程的不断延续①。这里杜威想说明的是：价值事实领域（不同于物理事实）不能仅归结为抽象的精神现象或某种抽象的主客体关系，而是与人类生命相伴始终的包括选择和拒绝的行为。既然是行为，价值当然可以是描述性的，与日常生活密切相关。基于此，杜威认为："价值或者赋值不是孤立的、不受外界影响、瞬间或短暂的举动，也无法归因于某种特别作用或某个特别作用者。价值事实领域的选择，不仅极大程度在时间中延续和在空间中遍布，而且其后果和结果也涉及整个生命过程，并与人类生命相关，拒绝过程则承担着长时间跨度的淘汰、保护性防御和向破坏性因素进攻的功能。"② 这里，他具体说明选择或拒绝的非孤立性，尤其不能简单地归结为客体或主体，而是时空中的客观存在。因此，"内省等纯粹属于私人的东西，应被排除在价值之外。不存在不是某一事物或事件的价值，也不存在不是某一情境的价值"③。也就是说，价值不是某个个人的省察感悟，离不开具体的事物和具体的情境。

杜威的"情境"说与"关系"概念紧密相关，他认为"关系"是相对于绝对主义而言的。价值是心灵、意识、主体和客体之间的一种关系，是有机体与对象之间的一种关系，是一些特别的以不同名称命名（喜欢、享受、想往、有兴趣等）的行为之间的关系，这种关系囊括不同的时空、事物和人。"也就是说，关系被看作是构成人与人之间或社会交往中的交互作用关系，而且关系将会被交互作用所取代。"④ 杜威在这里强调了在具体实在的真实环境里讨论价值问题的必要性，某种程度上消解了价值作为哲学研究对象的神圣性和神秘性，尤其消解了传统意义上永恒价值之类带有很强目的性和形而上学色彩的描述。

---

① 参见〔美〕杜威：《价值领域》，冯平主编：《现代西方价值哲学经典·经验主义路向（上）》，北京师范大学出版社，2009，第220页。
② 〔美〕杜威：《价值领域》，冯平主编：《现代西方价值哲学经典·经验主义路向（上）》，北京师范大学出版社，2009，第220页。
③ 〔美〕杜威：《价值领域》，冯平主编：《现代西方价值哲学经典·经验主义路向（上）》，北京师范大学出版社，2009，第221页。
④ 〔美〕杜威：《价值领域》，冯平主编：《现代西方价值哲学经典·经验主义路向（上）》，北京师范大学出版社，2009，第224页。

1944 年发表于 *Journal of Philosophy* 的《关于价值的几个问题》一文中，杜威整理分析了需要在理论上加以讨论的价值问题清单①。这些问题清单说明杜威对价值作为一种主客体关系的思考没有停留于泛泛而谈，而是着眼于具体情境中的态度、行为以及表达方式。杜威认为针对价值问题的态度与对象不能分割，要回答同一向度上的不同态度和倾向之间的内在联系问题，要分析这些态度是否被理解为关于行为的还是单纯指某种"内在"的、精神的东西。按照杜威的理解，价值及其对价值的态度是一种行为方式，这种行为方式有助于保持一种独立于对它的评价而存在的东西。他所批评的是另一种观点，即某种心理状态或心理过程就足以使价值产生，而这种价值就是这种心理状态和心理过程的唯一完成的产品。在杜威看来，一个东西原先不好也不坏，当有人主动喜欢它、保护它或设法使它继续存在下去的时候，它就获得了价值的性质。如此，价值性质就失去了人们经常赋予它的那种貌似神秘的特征，而成为像其他自然事件一样，能够根据因果条件而加以辨认和描述的东西。其中，价值与评价经常交替使用，当然两者并非没有区别。杜威认为，价值是评价的根据，评价或多或少是价值中已有因素的系统化发展，尽管是间接性的。需要解决的难题包括：确定评价是否只是对已经完全在那里存在着的东西的"实在论"的理解；只是既成事实的语言表达，而非任何意义上的命题，还是它确实全然参与了后来的价值重建；又是如何做到的，等等。杜威认为，作为价值事实之所以被看作独特的现象，根本问题在于：价值、评价是属于那种可以在具有"个人"性质的心理学基础上进行研究的那类问题还是完全彻底地属于那种只有在社会文化的因果关系中才能有效进行研究的社会文化问题？杜威的理解显然是后者，因此价值问题当然可以用科学方法进行研究②。

价值问题所涉及的客观对象、主体态度、评价方式、具体情境等重要概念，杜威都有自己言之成理的阐释。这些阐释其实在早些年的《价值、

---

① 参见〔美〕杜威：《关于价值的几个问题》，冯平主编：《现代西方价值哲学经典·经验主义路向（上）》，北京师范大学出版社，2009，第 210 页。
② 参见〔美〕杜威：《关于价值的几个问题》，冯平主编：《现代西方价值哲学经典·经验主义路向（上）》，北京师范大学出版社，2009，第 211—212 页。

客观指称与批评》①、《价值的含义》②、《价值、喜欢和考虑》③ 等论述中已有逐步积累。如："价值是一种不仅允许进行判断,而且要求进行判断的普遍样式,价值是评价判断的题材。""偏见和兴趣都指向一种能动的因素,一种关注和关心,一种照料的倾向,一种增进、促进在我们之外的好生活的倾向。它们当然是主体的态度,但是它们包含了(无论主体自觉与否)作为对象的对象,而享受和情感很大程度上不必如此。""主体和对象之间关系的变化,实际上是指主体的任何变化(如从不安到心安,从静态的舒适到动态的享受)都建立在他与对象之间关系变化这一条件之上。"④ "作为界定价值情境要素的喜欢应当包含对喜欢之对象的关心这一因素"⑤;"价值并不是某种复合情境的相关条件之一,它要么是情境本身,要么就是由某种相关事物构成的情境的一种性质"⑥;"应该承认在确定什么东西具有价值的时候,有一种因素是不同于纯粹情感驱动的态度的。在培养我们的趣味,使我们资质更加聪颖、感觉更加敏锐,使我们的喜欢更加正确上,考虑(意图)尤为重要。"⑦

不执着于主观或客观两端,把价值事实看成主客观关系的产物,诉诸具体情境,避免内省式私人偏好和神秘心理,重视评价与价值的内在联系,凡此种种使杜威对价值问题的"关系论"和"情境论"超越一般意义上的"实体说"和"属性说",总体上言之成理,也有较强的说服力。

---

① 〔美〕杜威:《价值、客观指称与批评》,冯平主编:《现代西方价值哲学经典·经验主义路向(上)》,北京师范大学出版社,2009,第192—209页。
② 〔美〕杜威:《价值的含义》,冯平主编:《西方价值哲学经典·经验主义路向(上)》,北京师范大学出版社,2009,第184—191页。
③ 〔美〕杜威:《价值、喜欢和考虑》,冯平主编:《现代西方价值哲学经典·经验主义路向(上)》,北京师范大学出版社,2009,第176—183页。
④ 〔美〕杜威:《关于价值的几个问题》,冯平主编:《现代西方价值哲学经典·经验主义路向(上)》,北京师范大学出版社,2009,第211—212页。
⑤ 〔美〕杜威:《价值的含义》,冯平主编:《现代西方价值哲学经典·经验主义路向(上)》,北京师范大学出版社,2009,第189页。
⑥ 〔美〕杜威:《价值、喜欢与考虑》,冯平主编:《现代西方价值哲学经典·经验主义路向(上)》,北京师范大学出版社,2009,第181页。
⑦ 〔美〕杜威:《价值、喜欢与考虑》,冯平主编:《现代西方价值哲学经典·经验主义路向(上)》,北京师范大学出版社,2009,第183页。

（二）以"经验"弥合主客观之分

价值作为在"关系"和"情境"中存在的事实和现象，固然需要分析其中的客观基础和条件、主观喜好和态度、表达和呈现的方式等，但终究要做出定性的归位和判断：价值的本质究竟是什么？价值作为主客体"关系"的一种"情境"，实质又是什么？换句话说，杜威仍然需要解释主体性和客观性何以在价值现象中获得统一的问题，需要说明主客体关系所形成的世界（包括人自身）对人的意义，而主客观价值论之争只是这些问题的具体表达方式。笔者认为，杜威虽然在诸多论述中蕴含价值现象客观存在的观点，也对纯粹内省式的心理偏好或模糊不清的"情感"倾向多有批评，但无法得出"杜威是价值问题上的客观论者"这样的结论；考虑到他对价值理论核心问题的认定（评价判断），杜威更倾向于主观论，尽管他不是情感主义、心理主义意义上的主观论者。历史上的主客观价值论之争各执一端，局限于实体和属性，缺少关系思维。杜威对主客体关系和情境的讨论，总体来说是朝着克服两极思维的关系论方向前进的，代表了人本主义的基本思路。但他用来弥合主客观价值论之争的方式是不彻底的，用"经验"概念兼收并包，解构主客对立，实际上阻断了"关系-实践"论的进一步研究①。

在出版于 1925 年的《经验与自然》一书中，杜威对经验的"两套意义"（几乎包罗万象）有过非常清晰的表达②。在杜威看来，经验与"生活"和"历史"一样，不仅包括人们做些什么、遭遇些什么、追求什么、相信和坚持什么，而且包括人们怎样活动、怎样受影响、怎样操作和遭遇、怎样渴望和享受，以及观看、信仰和想象的方式。杜威认为，"经验"之所以具有两套意义，这是由于在其原初的整体中没有动作与材料、主观和客观之间的区别，在一个不可分析的统一体中就包括两个方面。换句话说，杜威回应价值现象中主体性和客观性关系的方式是直接解构乃至取消主客

---

① 从实体思维到关系思维再到关系-实践思维的历史演进和现实进展，可参见李德顺：《价值思维的主体性原则及其意义》，《湖北大学学报》2013 年第 4 期。
② 〔美〕杜威：《杜威全集·晚期著作（1925—1953）》第 1 卷（1925），傅统先 郑国玉 刘华初译，华东师范大学出版社，2015，第 16 页。

观之间的区别。

何以如此？在杜威看来，这首先与价值现象本身的漂泊、动荡和游移不定相关："'价值'在晚近思想中的含义，也暗示出经验曾迫使对古典思想中自然目的的概念作了一些改变。因为至少从含义中要承认价值是漂泊和动荡的、是负的和正的，而且具有无穷的不同的性质。即使主张价值是不朽的、是游移不定的暂时事情的永恒基础和根源的那个超唯心主义的形而上学，也把它的论点建筑在价值在现实经验中这种不可否认的不安定、这种无止境的动荡不安、这种起伏不定的状态的基石之上。"①

其次，现实生活中评价判断的形成来自经验，杜威认为："一个有能力从经验中学习的人，只要他参与构建和选择各种相互竞争的欲望和兴趣，他就能将'所想望'的和'值得想望'的区分开来。仅仅过去的经验就表明：受未经批判的欲望而支配的鲁莽行动不仅导致失败，而且还可能导致灾祸。不知有多少谚语实际上已经阐明：绝不能在欲望和兴趣一出现的时候就把它们当作最终的、不可改变的东西，相反必须把它们看作手段，必须要根据实践中它们可能产生的结果来对它们做出鉴定与评估，进而构建对象、构建所期待的结果。"② 杜威所说的经验是一个包括主观、客观、情境的兼容并包的统一体，在经验中，主体与客体、心灵与物质、有机体与环境的关系和作用是连续的。经验成了一个绝对化的范畴，甚至成为世界的本质。这样的"经验自然主义"实际上又陷入他曾反对的传统形而上学的套路③。

1951年杜威在《经验与自然》一书新的导言草稿里这样写道："假如我今天来写（或者重写）《经验与自然》，我将用《文化与自然》作为书的标题，并对特别的主题进行适当的修改。我会放弃'经验'这个术语，因为我越来越认识到，对于实际的效果来说，妨碍我使用'经验'的理解的那些历史障碍是不能超越的。我将用'文化'这个术语来替代它。因为就现

---

① 〔美〕杜威：《杜威全集·晚期著作（1925—1953）》第1卷（1925），傅统先、郑国玉、刘华初译，华东师范大学出版社，2015，第252页。
② 〔美〕杜威：《价值命题》，冯平主编：《现代西方价值哲学经典·经验主义路向（上）》，北京师范大学出版社，2009，第113页。
③ 参见蒋晓东：《马克思实践观与杜威实践观比较研究》，湖南大学博士论文，2011，第40—43页。

在它确定的各种含义来说，它能够全面而直接地传达我的经验哲学。"① 由此可见，杜威本人对"经验"概念可能存在的局限和误解也有认识并试图做出调整，当然用"文化"来替代"经验"，并没有从根本上超越他猛烈批判的西方传统哲学的思维方式。

二 评价判断

杜威一方面用"经验"概念弥合甚至回避价值问题上的主客观之争，另一方面又偏向和倚重"评价判断"，将评价判断提升到"建构""创造"价值的高度，实际上凸显了主观价值论的基本立场，虽有深刻洞见，但与他的"关系"说和"情境"说显然存在矛盾之处。在1939年出版的《评价理论的难题》一书中他已经意识到"价值"的动词形式和名词形式在运用上的争议及统一的困难，说明名词形式的价值本身不受制于评价，并努力保证在最中性的意义上使用评价的动词和名词形式②。早在1913年《价值问题》一文中，杜威也曾思考"如果我们把评价了解为一个反思性评估或反思性判断过程，那么价值是在评价之先呢，还是依赖于评价呢？""如果价值是在评价之先的话，那么评价是未经任何改变地发现价值，还是对在先的价值进行了更改呢？评价产生新的价值吗？如果产生新的价值，那么这种更改和产生仅仅是偶然的，还是本质的呢"等问题③。但经过思考和分析，杜威还是非常明确并反复强调：评价判断不是发现、认可已有的价值，主要还是建构和创造新价值，这个意义上的评价判断才是价值理论研究的核心。

（一）评价判断的预测性、实验性

杜威认为，评价判断是复合的，是关于事实和原则的一系列判断，并

---

① 〔美〕杜威：《杜威全集·晚期著作（1925—1953）》第1卷（1925），傅统先、郑国玉、刘华初译，华东师范大学出版社，2015，导言第2页。
② 参见〔美〕杜威：《评价理论的难题》，冯平主编：《现代西方价值哲学经典·经验主义路向（上）》，北京师范大学出版社，2009，第91页。
③ 参见〔美〕杜威：《价值问题》，冯平主编：《现代西方价值哲学经典·经验主义路向（上）》，北京师范大学出版社，2009，第145页。

采取这样的形式:"考虑到我们所列举出的事实和规则,采取某种行动是有用的,即采取某种行动具有贡献价值";"通过行动,发现或揭示更深一层的数据和关系,使更充分的价值判断成为可能,最后才是建立在更充分数据和理性基础上的喜欢、兴趣和价值判断。没有确定无疑的数据和关系作为组成元素的判断,就不可能有评价判断,有的只能是一些胡乱的猜测、盲目的试验和不断的犯错。"① 这里,杜威提出了评价判断的预测性、实验性及相关条件,他还专门以涉及别国欠美国战争债务是免去好还是保持债权关系好这样一个具体的例子展开分析②,主要表达了如下意思:普遍、一般意义上的"好"(如"生命无价"),在具体评价判断中会涉及并予以考虑。但我们更需要在行动和经验的意义上使用、分析客观存在的和债务相关联的数据、条款和给定关系等活生生的"素材",进而确定我们正在追寻的有实践空间的"好"和"效用"。所以,一般意义上的"好"并不是决定性的,因为具体行动中的评价判断"是实验性的,而非报道性的",所以,杜威认为,"抽象的逻辑论证不能直达存在,行动才是唯一道路。我们应该根据行动的结果而反思这种行动,并根据这一反思采取进一步的行动。行为结果所暴露出来的问题有可能使我们做出更好的判断"③。所有批评目的是为了确认:"一种表面的好,一些被人们认为是好的东西,是否能满足那些或多或少是隐秘的或未公开承认、未公开宣布的限定条件和'预设'。"④ 当然,评价判断是一种假设判断,不是纯粹的预言,也不是各种已有元素之间的结合,它所看重的是作为一种实验而将要采取的行动。在杜威看来,"生命无价"等一般意义上的"好",只是抽象的、无关情境的价值判断。而评价判断必须在行动中、经验中、具体情境中才有意义,也更显示主体的预见能力和价值。一旦涉及到具体的经济社会条件和相应的手段,不难发现生命与成本实际上常常处于取舍和权衡之中,并不因为

---

① 〔美〕杜威:《评价和实验知识》,冯平主编:《现代西方价值哲学经典·经验主义路向(上)》,北京师范大学出版社,2009,第164页。
② 参见〔美〕杜威:《评价和实验知识》,冯平主编:《现代西方价值哲学经典·经验主义路向(上)》,北京师范大学出版社,2009,第164—165页。
③ 〔美〕杜威:《评价和实验知识》,冯平主编:《现代西方价值哲学经典·经验主义路向(上)》,北京师范大学出版社,2009,第175页。
④ 〔美〕杜威:《价值、客观指称与批评》,冯平主编:《现代西方价值哲学经典·经验主义路向(上)》,北京师范大学出版社,2009,第209页。

抽象意义上生命无价的"应然"而放弃实际收益上的"有利"。同样，我们在现实生活中体认到的人性之两面甚至多面，也不出自某个绝对永恒的理论假定，那种强迫陌生人表现不切实际的爱心之偏执屡见不鲜，也说明杜威关于评价判断的预测性、实验性以及所需条件的分析并非虚妄。

（二）评价判断确定"理性"的喜欢

杜威认为，评价判断不是关于人们喜欢某个东西的陈述，而是关于应该喜欢某种东西的判断。当我们不知道自己究竟喜欢什么或什么才是真正应该喜欢的，当然可以借鉴我们过去喜欢的价值并从中得到启发，但这种做法不足以解决全部问题，过去曾有的价值未必适合新的情境。尽管我们经常在没有对所珍视的价值进行判断的情况下，就珍视和看重了某种东西。在杜威看来，评价判断不是直接认出、识别过去的或已经存在的价值，而是在新情况下的评估、鉴定和评价，也就是说，未确定的价值，通过判断并且只有通过判断才存在①。我们必须讨论趣味、喜欢、偏见、兴趣或欲望等问题，确认应该喜欢和珍视的价值。这也是伦理学和美学领域"理智批评的常事"②。通过评价判断，我们获得了一种理性的喜欢，这一类型的喜欢作为判断具有一种为了实现目标而采取的行动，这种行动不是喜欢的表现，而是对喜欢的检测。所以，欲望、兴趣和喜欢不是评价判断的前提而是内容和对象③。在杜威看来，人生中最令人担忧的是被未经省察的那些非理性的喜欢（需要）所左右。在无数彼此冲突的理论、原则、经验面前，我们无法从过去已有的价值世界里找到应对之策，真正值得做的就是根据相关条件、数据、事实之间因果关系做出谨慎的权衡和评估，逐步确认真正应该的"理性"意义上的喜欢。

评价是对有价值之物或人或事件的确认、肯定或系统化，如果说价值本身有瞬时性、隐而不见、因人而异等特点，评价就是要认出它、确认它、

---

① 参见〔美〕杜威：《评价和实验知识》，冯平主编：《现代西方价值哲学经典·经验主义路向（上）》，北京师范大学出版社，2009，第161页。
② 〔美〕杜威：《评价和实验知识》，冯平主编：《现代西方价值哲学经典·经验主义路向（上）》，北京师范大学出版社，2009，第163页。
③ 参见〔美〕杜威：《评价和实验知识》，参见冯平主编：《现代西方价值哲学经典·经验主义路向（上）》，北京师范大学出版社，2009，第164页。

命名它并以系统化的方式实现稳定性。在杜威心目中，评价判断的作用远非如此，更应是关于经验对象的条件与结果的判断、对我们的情感和享受的形成应该起着调节作用的判断、对经验对象的条件与结果进行探究所获得的结论①。一个人几乎不知道他真正喜欢什么或应该把什么当作好。作为一个非理性的人，他可能只是不断试验，不断犯错，而作为一个理性的人，他会尝试用判断来控制试验，将试验作为实验，这种实验可以通过获得一些数据帮助他作出判断，从而逐步使情况明了，获得一种理性的喜欢②。确定人生中真正的、应该的喜欢、兴趣和需要，才是杜威心中评价判断的首要目标。

（三）评价判断的创造性

杜威认为，没有需要、没有欲望，就没有评价。考察构成匮乏和所需要的条件，考察作为构建可实现的目的或可达到的结果的积极手段的条件，就是构建正当的（必需的和有效的）欲望和所期待的结果的方法。评价判断就是这样形成的③。不能把评价判断归结为对先前已有价值的认识和判断，"在仔细考虑和权衡要形成的目的时，考虑过去的价值和从中得出的规则，往往似乎只会增加困惑混乱和使人犹豫不决顾虑重重……新的案例似乎是如此的独特，以致不会融入旧案例之中"④。评价判断是建立在更充分的数据和理性基础上的喜欢、兴趣和价值判断，因此，"有一个关于价值的最后的决定性的判断，这个判断是关于要创造的价值的判断"⑤。行动是评价判断的直接目标，而创造一个先前并不存在的新的价值是比行动更进一步的目标⑥。杜威认为，关于一个先前尚不存在而需要通过行动才能创造出

---

① 参见冯平：《人生在泥泞中前行》，《书城》2019年4月号。
② 参见〔美〕杜威：《评价和实验知识》，冯平主编：《现代西方价值哲学经典·经验主义路向（上）》，北京师范大学出版社，2009，第163—164页。
③ 参见〔美〕杜威：《评价理论的纲要》，冯平主编：《现代西方价值哲学经典·经验主义路向（上）》，北京师范大学出版社，2009，第133页。
④ 〔美〕杜威：《评价和实验知识》，冯平主编：《现代西方价值哲学经典·经验主义路向（上）》，北京师范大学出版社，2009，第162页。
⑤ 〔美〕杜威：《评价和实验知识》，冯平主编：《现代西方价值哲学经典·经验主义路向（上）》，北京师范大学出版社，2009，第168页。
⑥ 参见〔美〕杜威：《评价和实验知识》，冯平主编：《现代西方价值哲学经典·经验主义路向（上）》，北京师范大学出版社，2009，第169页。

来的新的价值的判断，是评价判断的最后目标。此时，评价判断采取的不是一种陈述，而是一种假设，即如果这样做的话，会产生好的结果，这个假设，内在地包含了行动。评价判断的最终目的就是为了创造出一个新的价值。通过评价判断而创造价值，因创造而享用和欣赏价值，才是人类生活的应然之义①。也正因为如此，杜威才把评价判断作为价值研究的核心，并认为科学本身是一种价值，而且科学还是有效鉴定人类和社会生活所有方面一切评价的重要方法②。

从"关系"和"情境"的角度入手分析价值问题，以"经验"（或晚期提出的"文化"）弥合主客观之争，到独钟评价判断的实验性、预测性和创造性，杜威终究倡导并有力支持了主观价值论，即使承认直接价值、已有价值和评价判断的客观条件，也不改其价值理论的基本取向，为具体生活实践中需求导向的主观价值论既作了理论阐释又对其中包含的事实和前提作了说明，当然这个说明更多服务于主观论的理论辩护。无论如何，这是从主体自身的尺度分析价值问题而获得的洞见，通过他的视野，我们可以避免对价值现象的"静观"，发现智慧的先导作用，充分肯定价值作为主体创造性活动成果的重要性。但是，按照杜威的逻辑，对客观存在的价值的确认、肯定至少是没有太大意义的，发现、重温事件和人物的历史价值也是不太有必要的，将直接价值的享有作为价值理论研究的主题和对象更是没有意义的，这些正是他的局限和不足。评价判断既是对已有价值的肯定、认可和系统表达，也是通过批判性反思，发现真正的"喜欢""兴趣"，进而创造价值的过程，前者体现评价判断的客观标准和现实制约，后者突出评价判断的主体尺度和能动建构，不能以偏概全。

三 目的与手段

目的和手段的关系不仅是伦理学一直十分关注的话题，而且是生活实

---

① 参见冯平:《人生在泥泞中前行》,《书城》2019年4月号。
② 参见〔美〕杜威:《评价和社会理论的状况》,冯平主编:《现代西方价值哲学经典·经验主义路向（上）》,北京师范大学出版社,2009,第143页。

践中常常遇到的问题。杜威在相关著述中着重讨论的主要是两个问题：一个是手段如何真正为目的服务，目的如何证明并牵引手段的正当性；另一个是目的和手段的互相依赖及其连续性。当然这两个问题本身又有密切关系。

（一）最终目的和作为最终目的之手段的目的

在《手段和目的——其独立性以及列夫·托洛茨基关于〈他们的道德和我们的道德〉》的论文中，杜威提到了马克思主义在苏联的后期发展以及一些学者为斯大林主义者的事业进行辩护的依据，即为了所谓的社会主义模式，清洗和迫害（也许甚至可能有相当数量的歪曲）是必要的，而另一些人则谴责马克思主义，认为苏联发生如此放肆的行为，是源于马克思主义"以目的证明（justifies）手段正当"的理论影响。既然托洛茨基也是一个马克思主义者，那么如果他掌握权力，也一定会认为任何达成目的的手段（包括无产阶级专政）都是必然的（necessary）[1]。好的目的一定能自动纠正手段的偏差？这个问题在杜威看来需要理性分析。他应《新国际》杂志编辑的邀请，回应托洛茨基关于手段、目的相互依赖性的讨论。杜威认为，"以目的证明手段正当"是托洛茨基的唯一选择，基于伦理绝对主义、良心、道德意识或某种永恒真理的判决。杜威认为："结果（consequences）意义上的目的（end）确实为道德观念和行为提供了唯一的基础，因此也对所使用的手段提供了唯一证明其正当的辩护（justification）。"[2] 紧接着，杜威提出了对目的的两种理解：一种是最终证明其为正当的目的（end），另一种是作为最终目的之手段的目的（ends）。这个区分尽管没有明确说一些目的不过是手段，至少也说明"可允许的手段是那些真正带来人类解放的手段"[3]，手段与目的相互依赖。我们需要仔细检查所运用的所有手段，并确定它们实际产生的效果，且在人力所能及的范围内，尽可能说明这些手段

---

[1] 参见〔美〕杜威：《杜威全集·晚期著作（1925—1953）》第13卷（1938—1939），冯平、刘冰、胡志钢等译，华东师范大学出版社，2015，第294页。
[2] 〔美〕杜威：《杜威全集·晚期著作（1925—1953）》第13卷（1938—1939），冯平、刘冰、胡志钢等译，华东师范大学出版社，2015，第294页。
[3] 〔美〕杜威：《杜威全集·晚期著作（1925—1953）》第13卷（1938—1939），冯平、刘冰、胡志钢等译，华东师范大学出版社，2015，第295页。

是否真正带来人类的解放。正是在这种意义上，区分最终证明其为正当的目的和作为这个最终目的之手段的目的尤为重要。"只要目的意味着实际上得到的结果，目的就显而易见地要依赖所使用的手段；同时，衡量手段的能力依赖于实际的客观结果，要在实际的客观结果的基础上观察和判断手段"。"如果关于最终结果这一观念是在手段的基础上形成的，而这一手段是以最有可能产生的这一目的证明其正当性的，那么，一个所期望的结果就表现为，或者就是一个关于最终结果的观念"①。所以，结果本身可以成为下一步行动的手段。

杜威认为，在人类发展的历史上，可能确实存在基于信念的个人意见，认为为了某个公然追求的好的目的，"必定"采取某个手段。但信念是一回事，事实又是另一回事。那些所谓的"必定"采取的手段实际产生的效果才是检验"必定"的尺度。所以，当托洛茨基谈到"辩证唯物主义认为并无手段与目的的二元论"时，实际意思是：将推荐一些手段的使用，可以根据这些手段自身的性质，说明它们能够带来作为一种客观结果的人类解放。因此，如果把人类解放当作一种普遍可期待的结果，由此检验所有可能达到这一目的的手段才是合理可靠的，那么就不可能有"必定是"这类预设的偏见。因此，为达到最终目的的任何一种手段事先不能声称是"必然"的，而且都应该在其所可能产生的客观效果上做出权衡和评判②。

（二）对手段的批判性而非演绎性检验

杜威所要反对的不是托洛茨基坚持的目的与手段相互依赖的一般性原则，而是后者关于阶级斗争的观点，"无产阶级的解放道德具有革命性特征……它从社会发展的规律，主要是阶级斗争的规律——这一所有规律的规律中演绎出来的行为规范"③ "这一目的源自历史运动"，即阶级斗争的

---

① 〔美〕杜威：《杜威全集·晚期著作（1925—1953）》第 13 卷（1938—1939），冯平、刘冰、胡志钢等译，华东师范大学出版社，2015，第 296 页。
② 参见〔美〕杜威：《杜威全集·晚期著作（1925—1953）》第 13 卷（1938—1939），冯平、刘冰、胡志钢等译，华东师范大学出版社，2015，第 296 页。
③ 〔美〕杜威：《杜威全集·晚期著作（1925—1953）》第 13 卷（1938—1939），冯平、刘冰、胡志钢等译，华东师范大学出版社，2015，第 296 页。

历史运动。杜威认为，这样一来，"手段和目的相互依赖的原则顿时消失了，或者说至少被湮没了"①。因为手段的选择，不是在一个无偏见的、根据其实际的客观结果进行检验的基础上决定的；相反，是从一个所谓的历史规律、社会发展的所有规律中"演绎出来"的，也就是所用手段的合理性"不是从对目的（人类解放）的考虑中得出，而是从其他的外部来源得到"②。人类解放的道德目标因此"臣服于作为达到人类解放目的之手段的阶级斗争"。杜威认为，如此演绎，目的依然有赖于手段，手段却非源自目的。"阶级斗争被看作达到人类解放这一目的的唯一手段；而且因为，阶级斗争是达到人类解放这一目的的唯一手段的观点，是通过演绎而不是审查手段-结果相互依赖的归纳而得到的。"③ 这一手段不需要受其所产生的客观结果所限，"自动地免除了所有批判性检验的需要"。无论如何，杜威认为这样的演绎是站不住脚的，既不能证明实行阶级斗争是"必定"的，也无法说明忽略其他手段是正当的。

杜威强调指出："手段和目的真正的相互依赖，并不自动地排除阶级斗争作为达到人类解放之目的的一种手段。但这一立场确实排除了用演绎法而将阶级斗争作为达到人类解放之目的一种手段，更别提阶级斗争是达到人类解放之目的唯一的手段了。"④ 选择阶级斗争作为手段并证明其正当性，就要坚持目的手段相互依赖的原则，通过批判性检验，以实际效果说明问题而非演绎。"说阶级斗争是获得人类解放这一目的的一种手段，是一回事；而说存在一种绝对的阶级斗争规律，这种规律决定着所要用的手段，则完全是另一回事。"⑤ 即使阶级斗争是获得人类解放这一道德目标的一种手段，毫无疑问，这也不是从规律中演绎出来的，而是通过对手段和结果

---

① 〔美〕杜威：《杜威全集·晚期著作（1925—1953）》第 13 卷（1938—1939），冯平、刘冰、胡志钢等译，华东师范大学出版社，2015，第 296 页。
② 〔美〕杜威：《杜威全集·晚期著作（1925—1953）》第 13 卷（1938—1939），冯平、刘冰、胡志钢等译，华东师范大学出版社，2015，第 297 页。
③ 〔美〕杜威：《杜威全集·晚期著作（1925—1953）》第 13 卷（1938—1939），冯平、刘冰、胡志钢等译，华东师范大学出版社，2015，第 297 页。
④ 〔美〕杜威：《杜威全集·晚期著作（1925—1953）》第 13 卷（1938—1939），冯平、刘冰、胡志钢等译，华东师范大学出版社，2015，第 297 页。
⑤ 〔美〕杜威：《杜威全集·晚期著作（1925—1953）》第 13 卷（1938—1939），冯平、刘冰、胡志钢等译，华东师范大学出版社，2015，第 297 页。

的现实关系的检验而表明的;在对作为目的的人类解放进行检验的过程中,"应该自由而无偏见地搜寻查究能够达成人类解放之目的的手段"。杜威强调:"就像断言牛顿定律是物理学的最终定律,将会妨碍对物理学规律的进一步探究一样,相信阶级斗争是社会发展的规律这一信念,也关闭了进一步检验历史的大门。"①

(三)目的和手段相互依赖及其连续性

通过上面的分析可以看出:杜威强调用目的来证明手段的正当性,可能存在的缺陷是其中包含的"演绎"过程而非"检验"。在他看来,采取何种手段才算正当,具体要看采取这种手段所产生的实际后果(实效)而不是从一个预设的"目的"直接演绎出来。某种手段的使用所产生的客观后果并不直接等于具有正当性的目的(这种正当性也需要论证而非不证自明),这个客观后果对于所追求的最终目的来说既是阶段性的目的,又是达到最终目的的手段。杜威因此就把手段与目的看成一个互相依赖的连续性关系,而非对立的二元,他尤其反对所谓"自在目的"②,认为这个概念是在脱离实现目的的手段,脱离目的本身下一步作为手段的功能这一情况下构建的③,而"目的证明手段"这句格言中所包含的观念,与"自在目的"概念中所包含的观念基本相同。从历史的角度去看,它就是从"自在目的"的概念中衍生出来的。因为只有主张"某些东西是以自身为目的"的,才能相信目的与手段的关系是单向度的,才能相信从目的到手段是唯一的路径④。杜威从科学主义立场出发强调说明:目的与手段的区别只是暂时的、相对的。在将活动组织成一个协调的和协调着的整体的连续而暂时的过程中,每个子活动都既是目的也是手段。就它作为暂时的相对的结束而言,是目的,就它提供了下一步活动所必须考虑的条件而

---

① 〔美〕杜威:《杜威全集·晚期著作(1925—1953)》第13卷(1938—1939),冯平、刘冰、胡志钢等译,华东师范大学出版社,2015,第297页。
② 参见〔美〕杜威:《目的与手段的连续性》,冯平主编:《现代西方价值哲学经典·经验主义路向(上)》,北京师范大学出版社,2009,第120页。
③ 参见〔美〕杜威:《目的与手段的连续性》,冯平主编:《现代西方价值哲学经典·经验主义路向(上)》,北京师范大学出版社,2009,第121页。
④ 参见〔美〕杜威:《目的与手段的连续性》,冯平主编:《现代西方价值哲学经典·经验主义路向(上)》,北京师范大学出版社,2009,第123页。

言是手段①。

杜威列举了医生看病的例子加以说明：一个医生必须确定不同治疗过程在一个特殊病例中的价值和效果。他通过检查而分析病人的毛病或麻烦，在此基础上他构建所期待的结果，这一目的所具有的价值在于证明采用它们是正确的。医生对自己所采用的治疗方案之价值的鉴定，是以这一方案消除这些麻烦的能力为根据的，即以采用了这一方案、病人会治愈为根据的。医生并没有把一个健康的观念当作一个绝对的自在目的，当作一种可以决定做什么不做什么的绝对的好，相反，他将关于健康的一般观念的构建当作是对这个病人的一种目的和一种好。不用否认，健康的一般或抽象的观念最终也得到了发展，但是这种发展是大量确定的经验探究的结果，而不是不断研究先验的、预先准备好的"标准"的结果②。

人们对于作为结论而被提出来的东西的价值之鉴定，都是以它解决问题的能力为依据的。在具体情形中并没有什么先验的标准可以用来确定所提出的解决方案的价值。作为所期待的结果，一个假设的、可能的解决方案被当作方法论手段，用以指导下一步的观察和实验。这一解决方案也许能解决问题，也许不能。批判性反思比一般意义上的目的性证明更有实际价值③。

人们在以往的经验中已经逐渐形成了某种标准，当出现新情况时，就用这些标准去处理新情况。人们根据所期待的结果指导行为的适用性，并对所期待的结果的"好""坏"作出鉴定和评价。只要健康的标准、满足的标准、条件的标准、知识的标准，是根据对现存条件的分析和观察而构建的，那么判断标准就可能通过在查找麻烦的根源和表明有效解决办法这一观察过程中的使用，而不断自我矫正。这些方法构建了具体的所期待的结果的内容，而不是构建了某种抽象的标准或抽

---

① 参见〔美〕杜威：《目的与手段的连续性》，冯平主编：《现代西方价值哲学经典·经验主义路向（上）》，北京师范大学出版社，2009，第128页。
② 参见〔美〕杜威：《目的与手段的连续性》，冯平主编：《现代西方价值哲学经典·经验主义路向（上）》，北京师范大学出版社，2009，第126页。
③ 参见〔美〕杜威：《目的与手段的连续性》，冯平主编：《现代西方价值哲学经典·经验主义路向（上）》，北京师范大学出版社，2009，第126页。

象的理想①。

笔者认为，相对于总体意义上的"端正目的，放开手脚""目的证明手段的正当性"，杜威关于两种意义上理解目的的必要性、手段批判性检验而非演绎的必要性，对手段和目的相互依赖及连续性的强调，丰富拓展了我们对目的与手段关系的辩证认识，提出了具有反思意义的研究路径，对那种把崇高目标当成"棍子"和"棒子"的荒唐现象有匡正之用。一方面，怀有高尚目的的人一定不用卑鄙手段，即使某些时候因为种种原因使用了不适当的手段，最终也会被高尚的目的纠偏。正所谓"善人用恶之法，恶之法亦善，恶人用善之法，善之法亦恶"。另一方面，从上述杜威的分析可知，"自在目的"难免荒谬，目的的正确与否、崇高与否、合理与否需要依赖各种手段加以证明，不能想当然。相对而言，具体的阶段性行为或手段倒是可见的，其所产生的后果也是可见的，以"功"（实际效果）论"志"（目的）比较合理。以手段证明目的高尚至少和以目的证明手段的正当是一个硬币的两面。基于苏联模式及其后果，总体来说，杜威更加倾向于以具体手段和行为的客观效果对最终目的进行批判性检验，对直接由不证自明的目的演绎而来的手段正当性保持高度警惕。杜威认为，无论是作为一种最终证明其为正当的目的（end），还是作为最终目的之手段的目的（ends），其正当性依赖于手段和行为的实际运用和客观效果。崇高也要讲道理、看结果，不违背人伦常识，这是杜威目的手段关系论给我们的重要启示。

当然，杜威的分析也存在自相矛盾、值得商榷之处，比如在强调目的与手段的相互依赖和连续性的同时干脆否定有什么最终目的。他认为，一切"结果"都是"原因"，所发生的一切都处于川流不息的事件发展过程中，在这个意义上，没有什么是最终的。"将概念从它产生和发生作用的情境中抽象出来，这要么是精神错乱、不成熟、死板地例行公事的标志，要么就是狂热的象征，即上述三种状态混合的象征。"② 与此同时，他又认为，

---

① 参见〔美〕杜威：《目的与手段的连续性》，冯平主编：《现代西方价值哲学经典·经验主义路向（上）》，北京师范大学出版社，2009，第127页。
② 〔美〕杜威：《目的与手段的连续性》，冯平主编：《现代西方价值哲学经典·经验主义路向（上）》，北京师范大学出版社，2009，第124页。

"当说到'组织各种活动'时,这种组织总是本身就包含了对材料的组织,这些材料是我们居住的这个世界上有的。这种组织活动对于所评价的每一种具体情形来说,都具有'最终'的价值。"①

【执行编辑:陈新汉】

---

① 〔美〕杜威:《目的与手段的连续性》,冯平主编:《现代西方价值哲学经典·经验主义路向(上)》,北京师范大学出版社,2009,第129页。

人类现实主义价值追求的根本原则试探

——基于学界对价值排序的争鸣

夏国军[*]

【摘 要】 价值是一个内涵广博的范畴,至少包括价值种类、价值内容、价值原则、价值关系、价值主体等,而这些每一方面又具有多元性的维度,依此类推,堪称无穷。于是,关乎价值排序的问题生成。但是,价值排序必须依据一定的标准,必须有特定的语境参照等,否则做出的价值排序就毫无意义。概言之,迄今人们探讨价值排序的立场要么是先验主义或唯心主义,要么是现实主义或经验主义或唯物主义;就后者而言,人类从根本上应该坚持整体主义的价值原则或首要价值排序标准,毕竟现实的人即便从整体上也是极其有限的,更不要说个体的人了。对此,人类理应将自己早期便已形成的相关认知自觉——无论东方的还是西方的——发扬光大。

【关键词】 价值;多元性;价值排序;价值标准;整体主义;有限性;和合

---

[*] 夏国军,哲学博士,上海大学特聘教授,马克思主义学院博士生导师,主要研究方向为西方哲学史、分析哲学。

"价值"一词几乎与"善"一词等外延,或者说,是"善"这个词在哲学上的别称。"一般而言,价值意味着那使一件东西成为值得欲求的、有用或成为兴趣的目标的性质。价值也被看作是主体的主观欣赏或是主体投射入客体的东西。"① 在这个意义上,价值具有一种相对于主体或人的相对性、主观性,因此同一个对象对于不同的个体、群体或民族、国家究竟有何意义会因人而异。这就为人们探讨如下问题增添了难度:究竟何为价值,如果价值是多元的,那么到底孰轻孰重,价值排序从根本上应该坚持什么样的标准?价值问题至少在雅斯贝尔斯所谓的人类文明的轴心时代已成为哲学的显性问题,但时至今日仍然常议常新。我们不揣浅薄,在充分考察学界既有研究的基础上,尝试就价值排序根本标准发表一孔之见。

一

对于价值排序的标准,可谓见仁见智,这与人们所站的立场不同有关;总体上人们站的立场有先验主义(或唯心主义)和经验主义(或唯物主义)两种。此外,随着价值种类、价值内容、价值原则、价值关系、价值主体等每一项与日俱增地呈现出多元化,它们也会成为价值排序标准确立的干扰项,致使这个问题越来越难缠,因此人们对于问题的答案莫衷一是也就不足为奇了。对此,古今中外的学者大概生成了如下学术增长点。

第一,探讨人类价值范畴的具体内容或形态。对此,人们的共识如是:人类整体的价值无疑是多元的,就是一个民族或国家的价值也是多元的,问题在于多有如何之多,这是人们见仁见智之所在。比如,在古代,中国儒家提出"仁、义、礼、智、信"这样的价值体系;希腊时期苏格拉底、柏拉图、亚里士多德等人曾经提出人应该具备智慧、勇敢、正义、节俭、友爱、真诚等美德。在现代,在国家层面,中国特色社会主义新时期推行的核心价值体系是"富强、民主、文明、和谐,自由、平等、公正、法治,爱国、敬业、诚信、友善",其中"富强、民主、文明、和谐"是国家层面

---

① 布宁、余纪元:《西方哲学英汉对照辞典》,王柯平等译,人民出版社,2001,第1050页。

的价值内容,表明我们要建设什么样的国家;"自由、平等、公正、法治"是社会层面的价值内容,表明我们要建构什么样的社会;"爱国、敬业、诚信、友善"是公民层面的价值内容,表明公民应该具备的道德品质。此外,在学者个人层面,有刘进田认为,完整的价值体系及相应价值哲学体系应包括如下三个层次:精神性→崇高价值(形上价值)→美德论价值哲学、社会性→正义价值(形中价值)→制度论价值哲学、自然性→幸福价值(形下价值)→生存论价值哲学,最终指向圆善价值①。另有赖金良尝试把价值区分为如下三类:价值的本然状态——人道价值、价值的应然状态——规范价值和价值的实然状态——效用价值②。在西方,有马克斯·舍勒把价值形态划分为感官价值、生命价值、精神价值、神圣价值③;有尼古拉·哈特曼区分"善物的价值"为一般的基本价值、处境的价值、权力的价值、幸运的价值和特殊的善物秩序等④。可以说,古今中外探讨价值范畴具体内容或形态的实例多如繁星,举不胜举。无论如何,存异求同,几乎没有人认为价值形态或内容是单一的,于是就引发了进一步的问题,比如价值是如何生成的,多元价值形态之间有无主次之分,如有主次之分,价值该如何排序等。

第二,价值何以生成。对此应该说,学者们的洞见大同小异,大同的是大家均认为价值的生成与人有关,小异的是与人哪些方面有关。比如,中国的李德顺等人认为价值的生成与人的需求等休戚相关⑤;西方的施瓦兹和比尔斯基认为人类的价值观形成与下述十种基本动机类型有关:权力、成就、享乐主义、刺激、自我定向、普遍性、福祉、传统观念、遵从、安全等⑥。

---

① 刘进田:《论价值哲学研究的"经验—超验"关系方法论模式》,《江海学刊》2019年第5期。
② 赖金良:《人道价值的概念及其意义》,《天津社会科学》1997年第3期。
③ 舍勒:《伦理学中的形式主义与质料的价值伦理学》,倪梁康译,生活·读书·新知三联书店,2004。
④ 哈特曼:《伦理学的两个基本问题》,邓安庆、杨俊英译。见邓安庆主编:《当代哲学经典—伦理学卷》,北京师范大学出版社,2014,第38—57页。
⑤ 李德顺:《价值论——一种主体性的研究》,中国人民大学出版社,2013。
⑥ S. H. Schwartz & W. Bilsky, Toward a theory of the universal content and structure of values: Extension and cross-cultural replications, *Journal of Personality and Social Psychology*, 1990 (5).

第三，多元价值之间是否有主次之别，如果有，价值排序应该依据何种原则进行。据我们不完全了解，似乎学界认为多元价值无主次之分的为极少数派，比如只有像高尔斯顿这样的学者认为价值多元论既不是一元论，也不会退变为相对主义；客观的善无法绝对地排出顺序；某些善是基本的，它们对任何值得选择的生活观念都是至关重要的；个体对好的生活观念的选择是多样的，而且多样性本身还是有一定合法性的①。高尔斯顿这样的见解恐怕会遭到如潮般的批评，因为在批评者看来，人不得不进行价值排序。比如，根据赵汀阳的理解，价值排序问题源于伦理学困境。在生活所需之诸多道德原则中，只要至少有两个原则无法形成价值排序而是并列重要的，伦理两难就在所难免；而伦理两难对道德原则的挑战在于它说明道德原则难以自洽地解释生活②。又如，张彦认为，价值排序问题源于价值共同体与价值个体之间价值目标的不一致甚至严重冲突：共同体不够尊重个体的需求和价值，一些个体不理解、不认同共同体所做出的价值选择③。所以，我们发现，赖金良将他所划分出来的三类价值排序如是：人道价值是原生价值，社会规范价值和人的效用价值是次生价值，而物的效用价值则是更次一级的次生价值④。包利民把人可能有的价值需求排序为"一阶价值"（作为生物性存在的人非道德的生活价值）与"二阶价值"（作为社会性存在的人的道德价值）⑤。韩东屏将人的价值设定为元价值及次生价值；由元价值派生出来的次生价值，亦即一种由本元的好派生出来的非本元的好；非本元的好从等级上又可细分为"好的"、"更好的"和"最好的"三个等级，其中与"好的"相对应的是"工具价值"，与"更好的"相对应的是"功用价值"，与"最好的"相对应的是"目的价值"⑥。相比之下，认为必须对多元价值进行排序的学者则属于绝对多数派，对于他们的探讨堪称治丝益棼，我们只能勉力为之。

---

① William A. Galston, *Liberal Pluralism: The Implications of Value Pluralism for Political Theory and Practice*, Mass.: Cambridge University Press, 2002.
② 赵汀阳：《有轨电车的道德分叉》，《哲学研究》2015 年第 5 期。
③ 张彦：《价值排序与核心价值观》，浙江大学出版社，2017。
④ 赖金良：《人道价值的概念及其意义》，《天津社会科学》1997 年第 3 期。
⑤ 包利民：《生命与逻各斯》，东方出版社，1996。
⑥ 韩东屏：《"价值是人"及其意蕴》，《哲学研究》1993 年第 11 期。

据凯斯汀观察，关于价值排序的思想鼻祖乃康德，这源于康德如下洞见：最高道德原则既不是亚里士多德所认为的完美的、全善的道德原则，也不是摩西十诫等，而是道德绝对命令①。假如凯斯汀的观察属实的话，那么自康德以降关于价值排序的探究理路在宏观上或者是先验主义的，或者是经验主义的，或者是作为前两者之调和物的康德式的先天综合主义的。

对于价值排序问题先验主义探究理路的代表，尼古拉·哈特曼是其中之一，他设定了价值的绝对先天领域，试图以"价值表"来处理各种价值之间的关系和伦理价值王国的结构秩序②。

对于价值排序问题先天综合主义探究理路，马克斯·舍勒应该是一位重要的代表人物，他依据价值在情感感受行为中呈现的次序把价值由低到高依次划分为感官价值、生命价值、精神价值、神圣价值，指出这种价值秩序是先天的；不过，这种先天的价值秩序却可以被主体的情感体验结构把握和认识，以至在现实的经验世界中会形成多元、多变甚至与先天价值秩序颠倒的价值排序③。对于舍勒的价值秩序，冯凡彦梳理归结为如下三个层次：其一是应然的价值秩序，学界通常称之为客观价值秩序；其二是实然的价值秩序，它随具体历史的变化而变化，是现实社会生活表现出来的价值秩序；其三是未然的价值秩序，也就是通过批判现代资本主义对"价值的颠覆"而试图努力重建的价值秩序④。雅克·蒂洛和基斯·克拉斯曼也算是这种理路的拥趸，他们提出了关于价值排序的一般方法和具体的境遇方法。其中，一般方法是以逻辑优先性或经验优先性为依据，进而衍生出在人类价值排序中的生命优先原则或善优先原则；具体的境遇方法是一种特殊方法，依据具体情境对价值排序⑤。

对于价值排序问题经验主义探究理路，可谓更是精彩纷呈，这里又进

---

① Samuel J. Kerstein, *Kant's Search for the Supreme Principle of Morality*, Cambridge: Cambridge University Press, 2002.
② 哈特曼:《伦理学的两个基本问题》，邓安庆、杨俊英译。见邓安庆主编:《当代哲学经典·伦理学卷》，北京师范大学出版社，2014，第38—57页。
③ 舍勒:《伦理学中的形式主义与质料的价值伦理学》，倪梁康译，生活·读书·新知三联书店，2004。
④ 冯凡彦:《客观价值秩序的三个分析视角——M.舍勒价值秩序思想述评》，《哲学动态》2008年第11期。
⑤ 雅克·蒂洛、基斯·克拉斯曼:《伦理学与生活》，程立显等译，世界图书出版社，2008。

一步形成了一些倾向明确的流派。比如,有人坚持价值排序的实践标准,有人主张价值排序的主体性原则,有人提出价值排序的个体与整体二元分立原则等。对于实践标准,最典型的自然是马克思的物质生产实践标准,对此,王南湜认为从马克思哲学的立场看,排在第一位的价值是人的存在或人类存在的规律;其次是生产价值,包括物质生产和精神生产两方面的存在规律;最后是交往价值,即人类个体在现实的交往活动中存在的规律[1]。此外还有人坚持更一般的实践标准,比如杜威,他认为价值问题是实践理性问题而不是理论理性问题,讨论价值问题是为了给具体情境中的价值判断和价值选择提供方法,脱离具体情境规定价值秩序和设定价值等级表对于实践毫无意义。只有抛弃寻求绝对价值标准的思维,价值问题才能真正在理论研究和实践探索中取得进步[2]。据邓安庆诊断,这种一般性实践标准还有古典范式,其中国家政体是一切实际有效规范的源泉,国家的核心价值关涉其公民聚集在一起共同生活的理想和目的,因而必须在政治、经济和社会生活中落实成为共同遵循的实践原则,所以它不应该单纯作为意识形态的导向,而应该成为具有普遍约束力的行动规范。核心价值的这种约束力不能单靠国家法律的强制性和意识形态的宣传来取得,而是源于国家、社会和公民之间真正的内心认同。如果我们能认同我们新中国的共和国体,其创始的原则所蕴含的核心价值,就是我们今天所要寻求的价值共识的基础[3]。

对于经验主义价值排序的主体性原则,李德顺主张主体原则是优先原则,即把主体的需要和能力放在基础和核心地位;因为主体是在按照自身的需要和尺度去认识和改造世界的过程中生成价值需求,所以价值及其秩序并不是世界本身所固有的结构,实际上是人按照自己的了解和尺度来排列的。在主体原则之后,还可以有实效原则(以一定价值关系中现实的或必然的客观结果为评价依据,以实践为最高的标准形式)、综合原则(在价值多样性的基础上实行多视向、多层次评价的辩证综合)和发展原则(保持评价及其标准对价值生活运动的跟踪和预见功能)[4]。类似地,孙伟平认

---

[1] 王南湜:《论价值是人类存在规律的实现》,《人文杂志》1994 年第 4 期。
[2] 杜威:《确定性的寻求》,傅统先译,上海人民出版社,2004。
[3] 邓安庆:《正义伦理与价值秩序:古典实践哲学的思路》,复旦大学出版社,2013。
[4] 李德顺:《价值论——一种主体性的研究》,中国人民大学出版社,2013。

为主体的价值存在形态在生活实践中不仅复杂多变,对于主体来说还可能彼此分离与对立。因此,这需要深刻理解价值的本质和客观基础,依据主体的特性进行价值评价、价值排序和价值选择①。贺来更具体地指出,主体性原则及其价值理念在当代中国的价值排序中仍处于优先地位②。学界还出现了诸多进一步细化主体原则的倾向,比如,布伦塔诺依据价值主体的内在情感指出,价值排序就是价值的程度与比较问题,而价值排序缘于情感和判断的比较所得出的偏爱概念。只有凭借偏爱等内知觉的自明性,价值主体才能知道为什么某物比另一物更好③。施瓦兹和比尔斯基则依据价值主体的权力、成就、享乐主义、刺激、自我定向、普遍性、福祉、传统观念、遵从和安全这十种动机来考察价值选择和确定价值秩序④。约翰·凯克斯则以道德主体即价值主体的受益程度为标准,认为一个有理性的道德主体必然会在两种或多种价值中进行排序,比如排列为首要价值和次要价值;价值排序是普遍人性中各种价值原则固有的相对独立的特殊本质⑤。

对于经验主义价值排序的个体与整体二元分立原则,有阿罗这样的倡导者,他认为就个体而言的价值排序与就社会整体而言的价值排序是不可混同的,两者的差异涉及国家和社会的道德共识和价值认同的程度。顺理成章,他平行做出了两种价值排序,即涉及各种个体私人状况的价值排序与涉及各种社会状况的价值排序⑥。

二

根据视角主义,学术界上述对价值排序标准的争鸣应该说各有其理。

---

① 孙伟平:《价值哲学方法论》,中国社会科学出版社,2008。
② 贺来:《"主体性"观念的价值内涵与社会发展的"价值排序"》,《吉林大学学报》2011年第3期。
③ 见黄涛:《哲学价值论的兴起与心理主义——对布伦塔诺和文德尔班的一种比较》,《湖南师范大学学报》2007年第2期。
④ S. H. Schwartz & W. Bilsky, Toward a theory of the universal content and structure of values: Extension and cross-cultural replications, *Journal of Personality and Social Psychology*, 1990 (5).
⑤ John Kekes, *The Morality of Pluralism*, Princeton, New Jersey: Princeton University Press, 1996.
⑥ K. Arrow, A difficulty in the concept of social welfare, *Journal of Political Economy*, 1950 (4).

比如，如果各家各派都站在局部视角，由于多元局部的相对平等或不可通约性，价值相对论或高尔斯顿等人认为的多元平行论就很容易产生，因为各种局部价值各有其美，难以找到绝对的标准在彼此之间区分出绝对的优劣。再如，争鸣的双方如果一方站在超验的立场而另一方站在经验的立场，也很难确立评判究竟孰优孰劣的价值标准。我们无意深陷学界争论的泥沼去把水搅得更浑，只是想站在经验主义或现实主义的立场，从人类整体的视角尝试探讨价值排序的标准问题。对此，我们的答案是整体性或整体主义。所以如此，取决于人自身的特性。

人，即使是大写的人即人类整体，也是极其有限的存在：人类的生存只能依托于像地球这样的生态环境、气候条件等，一切人类的个体自古至今都是时空极其有限的生物体，甚至人类整体的时间和空间相对于宇宙的时空而言也是极其有限的，也就是说，人类整体是寓于宇宙之内且无法突破这个限界的有限的、有条件的存在，天文学家用人是几许尘埃来表达人类的这种有限性，而诸如帕斯卡这样的哲学家用人是会思想的芦苇来表达这种有限性等；确实如此，时至今日人类虽然创造了璀璨的文明，创造了强大的科技对自己的不足予以弥补或克服，但假如大自然突如其来地发动一场浩劫，即便人类整体也难以应对，比如，强烈的地壳运动导致如今整个地球的陆地部分悉数被海水深吞，或者外星人（非我们通常理解的人类）用具有瞬间摧毁整个人类之威力的武器向人类发动攻击等。这些危及各个国家和民族的每一个人亦即整个人类生命安全的情形，容不得人类有任何其他选择，只能选择整体面对，无论结果如何。但不可否认的是，即使人类在相对安全的情况下站在不同的视角可以畅谈人类个体或群体有如何之多的价值可以选择、有如何之多的价值排序标准可以遵循，但居安必须思危，人类整体的共同价值追求问题不容忽视，因为大自然可能会时时刻刻猝不及防地给人类以灭顶打击。

实际上，坚持整体性的价值取向是人类早在自己文明的初期就已形成的判断和确立的根本性的价值标准，其依据正是对人类有限性的自识与反思。比如，这种价值文明在西方滥觞于古希腊，曾以神话的形式予以表达，而尤以那篇有关创世的神话为典型，其大意是：在万神之神宙斯派普罗米修斯和艾比米修斯造出包括人在内的凡间生物之后，人不久就发明了有音节的语言和名称,造出了房屋、衣服、鞋子和床,从土地里取得了养生之资。人有了这些依靠便分散而居,但这是有风险的,即他们会被野兽消灭,因为此时的他们同野兽相比非常孱弱,他们的技术仅能借以取得生活资料,并不足以帮助他们抵御野兽的侵袭;于是出于自保的考虑,他们又聚集起来形成一种城市生活,但由于缺乏管理的政治艺术,他们互相伤害,又陷入分散和面临毁灭的状态。宙斯为了不让人类覆灭,于是派神使黑梅斯给人类送来尊敬和正义作为治理城市的原则、友谊与和好的纽带。临行前黑梅斯向宙斯请示:是把尊敬和正义分给所有的人,还是只分给部分人?宙斯说:"分给所有的人,我愿意他们都有一份;因为如果只有少数分享道德,就像分享技术那样,城市就会不能存在的。此外,再遵照我的命令立一条法律,把不尊敬和不正义的人处死,因为这种人是国家的祸害。"①

这篇创世神话能够使我们获取两条重要的信息:其一,假如真的有神存在,而且人能够有幸得到神的庇佑的话,那么神也无法从根本上改变人类整体的有限性,因此人类作为依托自然实现自我价值追求的实践主体,就只能坚持整体性的价值取向,即个体性的人及其组织之间互帮互助,合作共赢。其二,假如没有神的存在,神话不过是希腊人假借杜撰之神的名义说的人话,那么人类作为有限性的存在更是得到了实锤,因此在价值追求上也就只能以整体的形式自在自为了。同住地球村,依托于同样的自然界作为生存之本,所以同样的外在环境和压力迫使散居于地球不同区域的民族或人类种族面临同样的问题和威胁,自然从理智应对上会有类似的见识。比如,在地球村东端的古中国,孕育出在时间起点上较希腊文明稍早的中华文明,它也将人类的根本性价值标准理解为整体主义的。对此,我们可以聚焦于中华民族的和合文化来透视。

"和合"理念最早确立于中国春秋战国时期,是先秦各家"'同归而殊途,一致而百虑'的'一致'和'同归'之所在"②。首先值得提及的是,早在管仲那里"和合"的术语和概念就已被明确提出,他曾有云:"畜之以

---

① 《古希腊罗马哲学》,北京大学哲学系外国哲学史教研室编译,商务印书馆,1961,第137—138页。
② 张立文:《和合学概论》,首都师大出版社,1996,第479页。

道，则民和，养之以德，则民合。和合故能习。"① 其次需要说明的是，"和合"思想在春秋战国时期由诸子百家竞相提出。比如早期，《诗经》有云："亦有和羹，既戒既平。"② 对此，晏子还曾亲自做羹演示。之后有史伯曰："夫和实生物，同则不继。以他平他谓之和，故能丰长而物生之，若以同裨同，尽乃弃矣。故先王以土、金、木、水、火杂以成百物。"③ 老子云："道生一、一生二、二生三、三生万物，万物负阴而抱阳，冲气以为和。"④ 孔子曰"礼之用，和为贵"⑤ 与"君子和而不同，小人同而不和"⑥。墨子主张"离散不能相和合"⑦，故应"兼相爱，交相利"⑧ 等。诸如此类的表达在诸子百家那里不胜枚举。尽管上述诸子的"和合"思想纷纭，但异中有同，它们都内蕴着一种关于异质要素互济互补或互涵互化的辩证思维，都表达了一种对立统一的整体性观念。问题的关键是，为何在承认彼此差异的同时还要强调统一呢？根本原因在于人自身的有限性，这种有限性造成无论个体人（小写的人）还是群体人乃至人类整体（大写的人）的生存与发展都极具风险或挑战，所以这决定人类必须以合作共赢的整体模式才有可能实现自身的可持续发展。

"和合"价值观在中华文明的传承中得到赓续，譬如从中华民族内部讲，多民族的大融合；从中华民族的对外关系上讲，明朝时期的郑和下西洋，新中国成立之初提出的外交原则，即"和平共处五项原则"，以及如今倡导的以"协和万邦""和衷共济""交相利"等为内涵的国际关系准则、"人类命运共同体"理念等，均是整体主义的和合价值观或文化观的实践彰显。同样，当人类遭遇共同灾难时，中华民族总是能够将自己内在的和合价值观适时外化，表现出应有的大国担当。所以，我们的习近平总书记会经常强调："这个世界，各国相互联系、相互依存的程度空前加深，人类生活在同一个地球村里，生活在历史和现实交汇的同一个时空里，越来越成

---

① 《管子·幼官》。
② 《诗经·烈祖》。
③ 《国语·郑语》。
④ 《道德经·四十二章》。
⑤ 《论语·学而》。
⑥ 《论语·子路》。
⑦ 《墨子·尚同上》。
⑧ 《墨子·兼爱》。

为你中有我、我中有你的命运共同体。"① 而且，令人欣慰的是，当代中国的"和合"价值观已得到联合国的高度认同，以习近平总书记为核心的中国共产党人"构建人类命运共同体"的倡议已于2017年2月被写进联合国决议，这标志着"人类命运共同体"理念已成为国际共识。

  然而，令人感到遗憾的是，作为西方文明之源的古希腊文明孕育出来的理性主义的整体主义的根本性价值标准，在西方近代遭到了个人自由主义价值观的解构，在现代遭到了非理性主义价值观的否定。个人自由主义主张个人是绝对的价值主体，是第一位的、真实的存在，而整体仅是一种虚幻的存在。非理性主义主张本能、冲动、欲望等才是人真正的本质，人的价值追求就在于最大化地张扬、释放自己的本能、冲动和欲望，丝毫不能压抑自己，超人式的主人道德才是值得追求的价值目标。不难看出，个人自由主义和非理性主义容易或单独或勾连起来造成人类价值追求的瓶颈和人类文明发展的危机。什么样的文化基因就会对等催生什么样的实践行为，所以纳粹德国在20世纪让世人胆战心惊地领略了非理性主义或个人自由主义价值标准对人类的巨大杀伤力和毁灭性；美国在21世纪让世人啼笑皆非地目睹了它作为当今世界第一超级大国却经常耍尼采所谓的婴儿的任性；甚至当人类遭遇重大劫难需要人类整体共同应对，需要美国率先垂范担起大国责任的时候，美国依然想方设法使一己的利益凌驾于他国的利益之上，极尽能事破坏世界的和平，雪上加霜地制造政治灾难，无端诋毁攻击别国，以科技和金元为先锋，以意识形态为统帅，大搞实质上去全球化的表象性全球化，企图使全世界臣服于自己的权力意志之下。这种矛盾、可笑的逻辑与行径属于资本主义个人自由主义与非理性主义价值观的集中外化。根据牛顿第三定律，作用力与反作用力大小相等、方向相反，美国破坏人类价值追求整体性取向的行径必然会受到相应的惩罚、付出应有的代价。众所周知，事实也的确如此。

  实践是检验真理的唯一标准，或者，雄辩的事实胜过任何的狡计。无数次的重大灾难反复警示全人类：即便人类如今已经强大到可以上九天揽月、下五洋捉鳖的程度，但尚无法彻底战胜自然，相反，人类只能一如既

---

① 习近平：《习近平谈治国理政》，外文出版社，2014，第272页。

往地遵从自然规律满足自我需求、追求自我价值,换言之,只能遵从"道常无为,而无不为"①的逻辑而创造自我价值。否则,人类会为自己践踏自然的错误付出沉重的代价,诚如恩格斯早已警告人类的那样:"我们不要过分陶醉于我们对自然界的胜利。对于每一次这样的胜利,自然界都对我们进行报复。每一次胜利,起初确实取得了我们预期的结果,但是往后和再往后却发生完全不同的出乎预料的影响,常常把最初的结果又消除了。"②也就是说,自然界绝对不是任人宰割的羔羊,更何况,以休谟式的不可知论思维表达,未来人类将会遭遇何等劫难尚不可知。现实的与潜在的致命威胁决定人类依托自然追求自身价值的实践必须合力进行;唯有如此,人类的价值目标才有可能顺利实现,人类才可能拥有光明的前景。比较而言,中国的"和合"价值观与人类追求价值的实践要求高度契合,能够带给人类以福音,引领人类走向光明;而20世纪以纳粹德国为首、21世纪以美国为首的帝国主义阵营竭力推行的"单边主义"、霸权主义价值观则与人类追求价值的实践要求背道而驰,只能引领人类走向黑暗。

我们的论述应该能够在英国著名历史学家阿德诺·汤因比那里得到一定程度的精神支持,他凭借终生审视人类文明的经验和智慧在临终前预言:人类的未来在东方,中华文明会成为世界的引领者。具体而言,汤因比预言的根据如是:第一,中国人具有热爱和平的优良品质(对此,他的论友、日本学者池田大作尤其认同)③。第二,"就中国人来说,几千年来,比世界任何民族都成功地把几亿民众,从政治文化上团结起来。他们显示出这种在政治、文化上统一的本领,具有无与伦比的成功经验。这样的统一正是今天世界的绝对要求"④。第三,中国的儒教世界观中存在着人道主义,这是合理的;中国的道教"对宇宙的神秘性怀有一种敏感,认为人要想支配宇宙就要遭到失败……人的目的不是狂妄地支配自己以外的自然,而是有

---

① 《道德经·三十七章》。
② 马克思、恩格斯:《马克思恩格斯选集》第4卷,人民出版社,1995,第383—384页。
③ 〔日〕池田大作、〔英〕汤因比:《展望21世纪:汤因比与池田大作对话录》,荀春生等译,国际文化出版公司,1999,第280页。
④ 〔日〕池田大作、〔英〕汤因比:《展望21世纪:汤因比与池田大作对话录》,荀春生等译,国际文化出版公司,1999,第283—284页。

一种必须和自然协调而生存的信念"①。汤因比所持的根据可谓对源远流长的中国"和合"文化内涵的揭示,正是看到中国文化的优秀基因,汤因比才深信,"恐怕可以说正是中国肩负着不止给半个世界而且给整个世界带来政治统一与和平的命运"②,而"世界统一是避免人类集体自杀之路。在这点上,现在各民族中具有最充分准备的,是两千年来培育了独特思维方法的中华民族"③。肯定就是否定,汤因比对中国"和合"文化的肯定,就相当于对催生美国"单边主义"、霸权主义的个人自由主义、非理性主义文化的否定。

而且,如今人类社会发展的现实似乎也在一点一滴地印证了汤因比预言的正确性。几次技术革命已经使人类社会发生天翻地覆的变化,尤其是强大的现代科技突破了空间藩篱、作为强力纽带把整个地球凝结为一个地球村,这种全球化趋势应该是不可逆的,因为人类不可能摆脱、甚或弱化对科技的依赖,相反,人类只会与日俱增地依赖科技。这种全球化趋势已经向汤因比预言的世界统一迈出了可喜的一步,但是,目前的全球化实质上仅是由科技手段促成的地理或物理意义上的世界统一;而真正的即汤因比理解的世界统一是物理和精神双重意义上的统一,两重意义缺一不可,它们宛如一个硬币的两面。事实上,这也是人类历次所遭受的重大灾难送给人类的警示性教训:人类即使能够依托自己创造的科技奇迹从整体上结村而居,但还是极其有限的、脆弱的,甚至脆弱得不堪一击。既然如此,人类自身似乎首先更需要精神或文化上的统一,因为精神或文化是较物质更稳定、更持久、更根本的联结纽带,更有助于整个人类凝心聚力,共克时艰,共御外敌。循此逻辑,像中华文明内蕴的和合文化所固有的整体性价值观显然属于这种助推世界统一的精神或文化范畴,能够为世界统一、实现人类整体意义上的价值追求做出深度贡献。

总而言之,面对无数次自然灾难的严重警告,站在现实主义/经验主

---

① 〔日〕池田大作、〔英〕汤因比:《展望21世纪:汤因比与池田大作对话录》,荀春生等译,国际文化出版公司,1999,第277页。
② 〔日〕池田大作、〔英〕汤因比:《展望21世纪:汤因比与池田大作对话录》,荀春生等译,国际文化出版公司,1999,第279页。
③ 〔日〕池田大作、〔英〕汤因比:《展望21世纪:汤因比与池田大作对话录》,荀春生等译,国际文化出版公司,1999,第284页。

义/唯物主义的立场，人类应该做出的深刻反省和吸取的沉痛教训是：人类的价值追求应当始终遵循整体主义至上的根本原则，因为它是在相对微观的视域探讨价值排序问题的破冰船。对此，我们应该形成如下理智思维：第一，就人类自身而论，人类整体是唯一独立的、真正的价值主体，全世界任何国家或民族充其量仅是相对独立的价值主体；第二，任何个体国家或民族的价值只有依托人类整体价值才能理解和实现；第三，人类整体的价值不能还原为任何国家或民族个体的价值，任何企图将个体国家或民族的利益凌驾于人类整体价值之上的做法都应该遭到彻底批判；第四，个体国家或民族的价值以彼此关联的方式内在于人类整体价值，任何割裂这种关联的行径均会破坏人类价值追求的整体性，同时更会令个体自身受损，即使拥有先进、优越文明的国家或民族也是如此。

【执行编辑：刘　冰】

评价论研究

Research on Evaluation Theory

评价、自我评价和社会自我评价[*]

陈新汉[**]

【摘　要】 冯契第一个指出认识活动包括认知和评价，在认知中主客体关系是外在的，在评价中主客体关系是内在的，认知和评价不可分离。评价具有两个环节，即确立评价标准和反映所确立的主客体之间的价值关系。与认知相比，评价在认识中的地位更为根本。自我评价是与对外认知相对应的自我认识。自我评价对于自我意识的确立和自觉具有重要意义。社会评价就是以社会为主体的评价，以社会民众评价和国家权威评价作为其两种现实形式。社会主体通过直接对社会运动、社会事件、社会问题等社会现象进行的评价活动，也就是在对体现在社会现象中的社会现实进行评价，因此社会评价活动在本质就是社会自我评价活动。社会自我评价活动通过国家权威评价活动与意识形态的关系以及社会民众评价活动与社会心理的关系，对于社会自我意识的确立和自觉具有重要意义。

【关键词】 评价；自我评价；社会自我评价

人类的认识活动不能离开与认知活动相对应的评价活动。社会评价活动以社会为主体，国家权威评价活动和社会民众评价活动是其运作的两大

---

[*] 本文为全国哲社基本项目《评价论视域中的社会自我批判》（14BZX007）成果之一。
[**] 陈新汉，上海大学马克思主义学院哲学系教授、博士生导师，主要研究方向为评价论。

现实形态。以范围广、影响大的社会现实为客体的社会评价活动在本质上就是社会自我评价活动。社会主体在历史的进化过程中必然会同时运用国家权威评价活动和社会民众评价活动并使之相互作用，社会自我意识的自觉在这种相互作用中实现。

一　冯契"哲学认识论"视域中的评价

在中国的当代哲学史中，据作者所知，冯契是第一个明确指出认识活动包括认知和评价、并对评价活动做了独到而深入分析的学者。冯契把认识的辩证过程理解为"存在和自我、天和人之间的关系"的运动，并把研究这种认识辩证过程"基本原理"的认识论称为"哲学认识论"①；"认识论也不能离开'整个的人'，我以为应该用 Epistemology 来代表 Theory of knowledge。广义的认识论不应限于知识的理论"②。"Epistemology"就是不限于知识理论的广义认识论，兹从三个方面予以分析。

（一）认识活动包括认知和评价

冯契说："认识活动包括认知和评价，二者不能分割，但可以区分。"③ 可以把体现主体与客体之间辩证过程的认识活动称为认知活动；可以把体现主体与主客体之间辩证过程的认识活动称为评价活动。

第一，认知活动以客体为对象，揭示作为对象的客体事物的本质和规律。认知活动普遍地存在于人们所从事的各个领域里。对自然领域里的事物进行认识，就其中的基础研究而言，一般属于认知活动。社会领域里的事物离不开人的活动，但不以人的意志为转移，因而也是客观存在的事物；当我们把它们当作与主体相对立的客体并作为对象来研究的时候，我们所进行的认识活动就是认知活动。

在认知活动中，主客体之间的关系是外在的。作为对象的客体可以被看作是外在于主体的，"主体状况的变化并不影响客体的本质和规律以自身

---

① 冯契：《认识世界和认识自己》，华东师范大学出版社，1996，第102页。
② 冯契：《认识世界和认识自己》，华东师范大学出版社，1996，第8页。
③ 冯契：《认识世界和认识自己》，华东师范大学出版社，1996，第55页。

的状况显现出来"①。认知活动虽然离不开主体的作用，但科学的认知内容不以主体的状况为转移。正确的认知成果具有不依赖于主体特征的普遍性，这就是认知活动的一元性。认知活动中主客体之间的外在关系决定了认知活动的客体性原则，即在认知活动中，主体要尽可能地排除主体因素对于认知内容的干扰，以达到对于作为客体的事物的如实反映。

第二，评价活动以主客体之间的价值关系为对象，揭示其本质和规律。冯契举例说，"水"的定义就不只是"氢氧化合物"等光溜溜的自然属性，而包括"水是饮料，水力能发电"等等自然物与"我"之间的价值关系；因此，"人对客观事物的认识不是单纯的认知（cognition）而且还包含着评价（evaluation）"②。评价活动普遍地存在于人们所从事的各个领域里。对自然领域里的事物进行认识，就其中的应用研究而言，就属于评价活动。社会领域里的事物离不开人的活动，总与人有着千丝万缕的利害关系，因而对于社会领域里事物的认识主要是评价活动。

评价活动把握的是客体对作为主体的"我"所显现出来的功能，即反映主客体之间的价值关系。因此，尽管主客体之间的价值关系或价值是不以人的意志为转移的，但就这种关系而言，主体和客体之间的关系是内在的。在这种关系中，主体的状况与客体所显示的功能互为条件、互相依存。由于在评价活动中价值主体和评价主体是同一的，这里的主体既可以理解为价值主体，也可以理解为评价主体。因此，"主体的需要改变，客体的功能也显出不同，即主客体之间的内在关系，就既可以从价值角度来理解，也可以从评价角度来理解"。从价值角度来理解，价值作为客体属性对于主体需要所显示的功能，体现着"主客体之间的一种统一状态"③，主客体之间的内在关系属于本体论领域。从评价角度来理解，客体对于主体的意义也就是在主体意识中客体属性对于主体所显示的功能。客体属性满足主体需要，主体就赋予客体以肯定性的意义，反之就赋予否定性的意义。于是，主客体之间的内在关系就属于认识论领域。由此，本体论领域的主客体之间的内在关系，就转化为认识论领域的主客体之间

---

① 冯契：《人的自由和真善美》，华东师范大学出版社，1996，第66页。
② 冯契：《人的自由和真善美》，华东师范大学出版社，1996，第64页。
③ 李德顺、马俊峰：《价值论原理》，陕西人民出版社，2002，第106页。

的内在关系。

主客体之间的内在关系决定了主体在评价活动中要从主体自身出发，来评价客体对于主体所具有的意义，也就是说，具有强烈的主体特征，这就是评价活动中的主体性原则。与认知结果具有不依赖于主体特征的普遍性不同，评价活动中主体性原则使评价活动总具有个体差异性。评价活动的多元性是指，对于同一客体，不同的主体可以有不同的正确评价，但不能由此就可以推断出评价活动具有主观随意性。这是因为，主客体之间的价值关系即价值是客观的。处于健康而清新状态中的主体一般总能如实地感受到自身需要与客体属性之间的关系，主体对于客体的评价具有确定性。"如果我们把经过正确选择的主客体之间的价值关系看成是一个与主体相对立的新客体，那么主体对于客体的评价活动就转化为主体对于新客体的认知活动了。主体对于新客体的认知成果只有并且只能是一个。"[①] 因此，评价的多元性与认知的一元性在本质上是相通的，评价活动的主体性原则与认知活动的客体性原则在本质上也是相通的，在前者的规定中已经把后者的规定包含在内，"认知的一元性必然体现在评价的多元性上"[②]。

第三，认识活动中认知与评价不可分离。虽然一个具体的认识活动可以侧重于认知或评价，然而没有绝对的离开评价的纯粹认知和离开认知的纯粹评价，认知和评价总是联系在一起的。认知活动和评价活动是相互联结并相互促进的。没有对客体属性和人本身需要的认知，就不可能有评价，即使有对客体意义的意识，这种意识也是很朦胧的；人们之所以要进行认知活动，就是为了要改造世界，人们对于客观事物的认知总是与探求客观事物对于人的意义相联系，否则，尽管个别人可以从兴趣中获得认识的动力，但就大多数人而言，就没有动力。

（二）评价活动中的两个环节

相比较而言，评价活动的结构比认知活动复杂。一个评价活动中包括两个前后相继的环节：

第一，主体选择评价标准。主体自身的需要是主体对于客体进行评价

---

① 陈新汉：《关于评价活动的认识论机制》，《哲学研究》1992年第2期。
② 陈新汉：《自我评价论》，上海人民出版社，2011，第68页。

活动的出发点。需要与对需要的意识不一样，属于两个领域，只有被主体意识到了的需要才能作为主体进行评价活动的出发点。主体在进行评价活动时，总要自觉或不自觉地用意识到了的需要来衡量客体属性对满足自身需要所具有的意义。主体的需要是多方面、多层次的，有些需要在一定条件下甚至会相互冲突。主体在评价活动中必然会对进入意识中的主体各种需要进行比较和权衡，根据主体所处的具体情况，选择用何种具体需要作为评价标准。这些活动构成了评价活动的第一个环节。

第二，主体反映经过选择的价值关系。评价活动就在于把第一个环节中经过主体选择的价值关系反映到主体意识中来，以便在主体中经过整合形成价值意识。价值意识的整合必然要涉及主体反映价值的思维形式。如果说，认知活动中主体从客体事实中揭示本质和规律的主要思维形式是概念、判断、推理；那么，评价活动中主体从价值事实中揭示本质和规律的主要思维形式就是规范、价值判断和评价推理。评价成果作为价值的观念产物有一个对价值是否正确反映的问题①。这里的正确反映，既涉及主体正确选择评价标准，从而正确地把一定的主客体之间的价值关系作为反映对象；又涉及对这种经过选择的价值关系的信息予以正确地整合。主体赋予客体的意义，"只能是我的一种本质力量的确证"②。评价成果作为意义正是意识到了的价值，从而揭示了主体的本质力量。这些活动构成了评价活动的第二个环节。

(三) 评价活动在认识活动中的地位

第一，评价活动形成认识活动中的"注意"。心理学中的"注意"指的是意识在特定对象上的指向和集中。"注意"作为"意识行为是神经印象转变为心灵感觉的必要条件"，如果没有"注意这个意识行为"，那么"对世界的认识就没有可能"③。这里的世界包括外部世界和内部世界，这里的"注意"既是指意识对外部事物的指向和集中，也是指意识对内部事物的指向和集中。当很多意识材料浮现时，需要运用"注意"，使被指向和集中的

---

① 陈新汉：《关于评价活动的认识论机制》，《哲学研究》1992年第2期。
② 马克思、恩格斯：《马克思恩格斯全集》第3卷，人民出版社，2002，第305页。
③ 〔苏〕乌申斯基：《人是教育的对象》第1卷，李子卓等译，科学出版社，1959，第201页。

意识材料凸显，从而"转变为心灵的感觉"①。"注意"在个体认识活动中不可缺少，同样在社会认识活动中也不可缺少。

冯契对"注意"与评价活动之间的关系做了很好的说明。"注意一个事物，可能有外在的原因，譬如说强烈的刺激"，"但是在人的感性经验中的注意更多地是由于主体的意向，有主体的欲望、意志、情感在其中起作用"。有了"注意"，求索的对象就突出了；有了"注意"，就有所选择，"即使是与本能相联系着的'好好色、恶恶臭'，也不仅对颜色、臭味有认知，而且包含了权衡、选择"，"好看的颜色就喜爱，难闻的气味就厌恶，这里就作了评价"②。因此，"注意"作为意识行为必然包含着评价因素。认识活动离不开"注意"，"只有经过这个门，外在世界的印象"，"才能在心灵中引起感觉"③，世界才能进入主体的意识；"注意"与评价活动密切地联系在一起，由此可以说，只有经过评价活动的"这个门"，世界才能进入主体的意识。

第二，评价活动比认知活动更为优先。有一种较为流行的观点认为，没有对客体属性和主体需要的认知，评价活动就无以发生，因此认知活动先于评价活动。其实，如果从认识发生学的角度来分析，可以说是先有评价活动后有认知活动。瑞士心理学家皮亚杰在以自己的孩子为实验对象以研究儿童心理发生的机制时指出，儿童最初的认识兴趣"主要在求得实际效果，而不在阐明实际情况"④。人类祖先的意识发生状态与儿童意识发生状态在某种意义上可以说是相同的。人类学家布留尔在深入研究太平洋岛屿中尚处于原始状态的人群部落时谈到，原始人"所追求的往往是某种实际效果，而这种实际效果正是和集团的利益密切相关的"⑤。原始人正是在对自己所属集团利害的关注中，才反映与他们利益密切相关联的客体属性的本质，由此与之相关联的认知活动也就开始了。夏甄陶对此十分赞同地指出："在人类认识产生的最初阶段，构成认识内容的基本成分是什么呢？笼统地说，这是认识与价值的混合体。如果加以具体的考察就会发现，在

---

① 〔苏〕乌申斯基：《人是教育的对象》第 1 卷，李子卓等译，科学出版社，1959，第 218 页。
② 冯契：《认识世界和认识自己》，华东师范大学出版社，1996，第 137 页。
③ 〔苏〕乌申斯基：《人是教育的对象》第 1 卷，李子卓等译，科学出版社，1959，第 218 页。
④ 〔瑞〕皮亚杰：《儿童心理学》，吴福元译，商务印书馆，1980，第 5 页。
⑤ 〔法〕列维·布留尔：《原始思维》，丁由译，商务印书馆，1981，第 103 页。

这个浑沌的认识中，占主导地位的并不是有关物体自然属性的认识，而是有关对象的价值的认识（即评价——引者）。"①

人类认识活动的历史过程，可以说，以简约的形式浓缩在现实的认识活动发生过程中。在现实的认识活动中，固然很难规定到底是认知活动在先，还是评价活动在先。然而，既然在逻辑上我们把实践作为认识的前提，必须在实践活动的基础上认识活动才能发生，那么我们同样可以在逻辑上把评价活动作为认知活动的前提，认为先有评价活动才会产生认知活动。这是因为，实践活动就是在改造世界中创造价值，以满足人类需要的物质活动。这就在逻辑上决定了人们首先关心的是对自己需要的满足情况，由此才产生对客体认知的兴趣。评价活动在人类认识世界的逻辑上先于认知活动，也就肯定了对于主体而言，评价活动比认知活动更为根本、更为重要。这个结论在总体上是符合人类生存规律的，人类的行为总是以高级形式体现着生物界趋利避害的基本生存规律，而对于"利"和"害"的认识就首先与评价活动联系在一起。

二　自我认识中的自我评价

自我评价是自我认识的组成部分，又与自我认知相对应，对自我意识的自觉具有重要意义。兹从三个方面来理解自我评价的内涵。

（一）与对外认识相对应的自我认识

认识活动包括以外部世界为对象的对外认识和以内部世界为对象的自我认识。在自我认识活动中主体两重化了，既是主体，又是客体。虽然处于主体地位的主体与处于客体地位的主体是同一个主体，但两者的作用不一样。前者总是调动其所具有的物质因素和精神因素，以能动的一方，来发动、组织、调控主客体之间的关系，既使作为客体的主体以客体事实的形式呈现在主体的意识中，又使主客体之间的价值关系以价值事实的形式呈现在主体的意识中。主体通过自我认知活动和自我评价活动，对呈现在

---

① 夏甄陶：《认识发生论》，人民出版社，1991，第348页。

意识中的"我"的状况及其活动进行各种抽象,进而形成观念中的具体。在自我认识活动中,主体揭示作为客体的"我"的状况及其活动的本质和规律,揭示作为客体的"我"的状况及其活动与主体之间的价值关系的本质和规律,从而形成关于"我"的状况及其活动的客体意识和价值意识。这两方面的意识就构成了主体的对内意识,主体意识中的"我"作为"纯粹的'自为存在'"①,正是对内认识活动所形成的自我意识的升华或结晶。

粗浅的思索经常会使人认为,人类初始阶段的认识活动一定首先是与探求外部世界的活动联系在一起的,因为人类对自然界的依赖必然会以强制性的方式使人把目光首先投向外部世界,从而就使对外认识在先、对内认识在后。人类学家卡西尔把这种由粗浅思索形成的粗浅观点斥之为"生物学的观点"。仔细地对认识起源予以推究,人们就会发现,从人类意识萌发之初开始,人类就把对外部世界的认识与对内部世界的认识不可分离地结合了起来。"在对宇宙的最早的神话学解释中,我们总是可以发现一个原始的人类学与一个原始的宇宙学并肩而立:世界的起源问题与人的起源问题难分难解地交织在一起。"② 自哲学产生至今,认识自我甚至被认为是哲学探究的最高目标。古希腊德尔菲神庙中的名言"认识你自己",历经千年沧桑,对于每一个膜拜者来说,就是"认识我自己"。各派哲学在许多问题上争论不休,唯独对认识自我共守始终,"它已经被证明是阿基米德点"③。

主体的对外认识和对内认识是联系在一起的。首先,对外认识和对内认识共同构成了人对于世界的完整理解。不能把人的世界观仅仅理解为人对于外部世界是什么的基本观点,而必须把世界对于人具有什么意义的基本观点包括在内。而世界对于人所具有的意义,本身就与对人自身的认识联系在一起。其次,认识活动从来不是单向的,而是主客体之间相互作用的过程。对外认识总是主体自我意识到了的意识,因而对外认识必然凸现对内认识;认识自身的需要和目的就为对外认识指出了方向和提供了动力,从而就促进了对外认识。主体对外认识和对内认识不可分割的基础就在于作为人的"类活动"的实践。实践活动是主体通过目的和方法所控制的改

---

① 〔德〕黑格尔:《小逻辑》,贺麟译,商务印书馆,1980,第81页。
② 〔德〕恩斯特·卡西尔:《人论》,甘阳译,上海译文出版社,1985,第5页。
③ 〔德〕恩斯特·卡西尔:《人论》,甘阳译,上海译文出版社,1985,第3页。

造外部世界的物质活动,即按照"内在的尺度"和"任何一个种的尺度"即"物的尺度"来进行的"生产"①活动。由此,实践活动就包含两个方面:对对象的了解和对自我的了解;对物的控制和对自我的控制。因此,实践活动就分别促进了对外的意识活动和对内的意识活动,从而也就顺理成章地使实践主体具有了对外意识和对内意识。

(二)与自我认知相对应的自我评价

自我认识活动包括自我认知活动和自我评价活动。自我认知活动和自我评价活动相结合,实现主体对自我的完整认识,从而形成完整的自我意识。在自我认识活动中,无论是缺少了认知及其所形成的内容,还是缺少评价及其所形成的内容,都不能构成完整的自我意识。

主体在自我认知活动中把自我本身作为认知对象,以揭示处于客体地位的主体的本质和规律、从整体上回答关于处于客体地位的主体"我是什么"的问题。由于既是主体又是客体,主客体之间的自我缠绕就使自我认知活动具有与对外认知活动不同的特点。自我认知是与对外认知相对应的特殊类型的认知活动。

在自我评价活动中,主体把自身处于评价客体的位置上,揭示主体与处于客体地位的主体之间价值关系的本质和规律,即处于主体地位的主体从自身需要出发来看待处于客体地位的主体属性。主体是物质和精神的统一,主体的需要是多方面的,主体的属性是多方面的。主体的需要本身可以是处于客体地位的主体属性,主体的活动既可以看作主体的延伸,也可以理解为包括在处于客体地位的主体属性范围内。作为主体的主体需要与处于客体地位的主体属性相联系,就形成具有客观性的价值关系。自我评价活动把经过选择的价值关系反映到主体意识中来,形成关于处于客体地位的主体各种属性乃至各种属性之整体的主体对于处于主体的主体而言的意义,以回答关于"我对于我有什么意义"的问题。

与评价活动一样,自我评价活动中主体与处于客体地位的主体之间的关系是内在的,主体用不同的需要作为评价标准能赋予处于客体地位的主

---

① 马克思、恩格斯:《马克思恩格斯全集》第3卷,人民出版社,2002,第274页。

体的同一属性以不同的意义。自我评价活动遵循评价活动的主体性原则，主体最终关心的是处于主体地位的主体需要是否或能否得到满足。自我评价活动的认识成果同评价活动一样是多元的，主体从不同的主体需要出发，对自身的同一种状况可以有多种不同的评价结论。在一般情况下，主体在自我评价活动中往往会对多种不同的评价结论予以综合，以赋予处于客体地位的主体属性乃至整个主体以综合性的肯定或否定的意义以及肯定或否定意义的程度，形成关于自我的综合评价。从这个意义上说，自我评价活动的认识成果又是一元的。

自我评价活动有正确与错误之分。自卑与自谦不同，自负与自信有别，如何正确地评价自我，对于主体的行为具有极大的影响。正确的自我评价活动必然与主体正确地选择一定的需要作为评价标准联系在一起，也必然与主体正确地整合主体需要与处于客体地位的主体属性之间的价值关系的信息联系在一起。在一般情况下，没有任何一种外在力量"能够强制处于健康而清醒状态"[1] 的主体放弃自己所选择的评价标准或否定自己所形成的评价结论。正确地选择评价标准和正确地运用评价活动所特有的思维形式及对多种评价结论的选择和综合，体现着主体的理性能力。

自我评价活动是评价活动的特殊类型，因而又以特殊的形式体现着一般评价活动的规律。在对外评价活动中，主体和客体处于认识结构的两端，评价内容和评价对象也处在反映和被反映的两个层面。自我评价活动的最大特点就是主体以自身为客体，这就使得处于认识结构两端的评价主体和评价客体不断地相互转化，使得处于反映层面的评价内容与处于被反映层面的评价对象不断地自我缠绕，从而增加了自我评价活动的复杂性和困难性。

（三）自我评价对于自我意识的意义

对于自我意识的自觉，冯契指出："严格地讲，有思维，才有理性，才有意识（明觉）"，"'觉'是指进入主体的意识领域，为主体所把握"[2]。这就需要主体借意识之光"用来反照自己"，反照就是"以自身为对象进行思

---

[1] 马克思、恩格斯：《马克思恩格斯选集》第3卷，人民出版社，1995，第426页。
[2] 冯契：《人的自由和真善美》，华东师范大学出版社，1996，第151页。

维，也就是常说的反思"。人凭借着意识之光不仅用来通过对外认识以照亮外在世界，而且用来通过对内认识以反照自己，使"人对自我有了越来越明白的意识"，从而使自我意识"提高了自觉性"①。这种"反照"绝不是"塞其兑，闭其门，终身不勤"②式的自我冥思苦想；而是必须"凭着化自在之物为为我之物的运动，自我才能自在自为地发展"③。人把"自己的生命活动本身变成自己的意志和意识的对象"④，正是有了对自己生命活动所进行的自我认知和自我评价，才有了人所独有的自我意识；也只有在实践基础上的自我认知和自我评价及其相互作用的过程中，自我意识的自觉才能不断地予以提升。

主体自我肯定的理性确立包括对于"我对于我是什么"的把握和"我对于我具有什么意义"的理解。前者与自我认知活动相联系，后者与自我评价活动相联系。"我"对于我自己的认识离开了"我是什么"的内容就没有意义；自我评价活动离开了自我认知的内容就不可能进行。然而，自我评价的内容对于"我"的意识的意义更大。只有在人生对于"我"具有意义而"我"又不满足于这种意义时，人们才能为自己的生存和发展而奋斗。离开了"我对于我具有什么意义"的意识，就谈不上自我意识的理性确立，自我意识必然是朦胧的，更谈不上自我意识的自觉。

人们关于外部世界的基本观点的基石是"世界是什么"；然而，人们最感兴趣的却是建立这个基石上的世界对于"我"的生存和发展所具有的意义，以便于使自己的行为能"趋利避害"。可以说，世界对于"我"的生存和发展具有什么意义，是人们从"我"出发对于世界是什么的理解，它构成了世界观的核心内容。同理，"我"对于"我"具有什么意义，是人们从"我"出发对于"我"是什么的理解，它构成了人生观的核心内容。离开了自我评价，即使有自我认知，主体仅仅知道"我是什么"，而不能对"我是什么"予以理解，就不能理性地确立自我肯定。自我意识由自在阶段经自为阶段达到作为前两个阶段之统一的自觉阶段的发展，固然离不开自我认

---

① 冯契：《认识世界和认识自己》，华东师范大学出版社，1996，第216页。
② 《老子·五十二章》。关于"勤"，马叙伦认为这里是指病。见冯契：《中国古代哲学的逻辑发展》（上册），上海人民出版社，1993，第124页。
③ 冯契：《认识世界和认识自己》，华东师范大学出版社，1996，第217页。
④ 马克思、恩格斯：《马克思恩格斯全集》第3卷，人民出版社，2002，第273页。

知活动，然而更加依赖于自我评价活动。我们可以从以下两个方面来分析之：

第一，主体通过自我评价活动凸现关于"我"的意识。自我评价活动以"我"为客体，亦即以包括"我"的所作所为在内的"我"的状况为客体，揭示关于"我是什么"对于主体的"我"所具有的意义。价值作为一种主客体之间与利害相联系的关系范畴，从本质上说，"是一种主体性现象"①，当然这并不意味着价值不具有客观性，不能把"主体性"与"主观性"相混同。这就使评价活动在形成价值意识时能凸现"主体性现象"中的"我"。自我评价活动不仅作为评价活动，由此能凸现"主体性现象"中作为主体的"我"；而且作为关于"我是什么"的理解活动，更是促进自我意识予以凸现和清晰。对此，黑格尔说，"凡是在我的意识中的，即是为我而存在的"②。马克思更是指出："人的这种性能（指能动性——引者）的最初发动，即在于当他知道他是我的时候"③。凸现了主体的"我"，正是自我意识自觉的重要内容。

第二，主体通过自我评价活动在赋予客体"我"的意义中提高对行为控制的意识自觉。自我评价活动把"我"作为客体。作为主体的"我"总是从"我"出发，以反映"我"需要的利益为标准来评价处于客体地位的"我"的所作所为。当处于客体地位的"我"的所作所为有利于满足处于主体地位的"我"的需要时，处于主体地位的"我"就赋予处于客体地位的"我"以肯定性意义；否则，就赋予否定性意义。正是通过处于主体地位的"我"对处于客体地位的"我"的所作所为所赋予的意义，达到了对于"我是什么"的理解。自我意识的能动性就在于促进与肯定性价值判断相对应的主体的所作所为，抑止与否定性价值判断相对应的主体的所作所为，以使处于主体地位的"我"对自己的行为处于自觉控制之中，而这种自觉控制与提高主体"我"的意识自觉是联系在一起的。这是离开了对于"我"的理解就谈不上自我意识自觉的最为深沉的理由。

---

① 李德顺、马俊峰：《价值论原理》，陕西人民出版社，2002，第142页。
② 〔德〕黑格尔：《小逻辑》，贺麟译，商务印书馆，1980，第81页。
③ 〔德〕黑格尔：《小逻辑》，贺麟译，商务印书馆，1980，第81页。

三　社会评价和社会自我评价

社会成为评价活动的主体何以可能？社会评价活动是如何现实地进行的？怎样理解社会评价总意味着社会自我评价？这三个问题是理解社会评价和社会自我评价的关键，兹作以下分析。

（一）社会成为评价活动主体的根据

"社会……是人们交互活动的产物"①。人们通过共同活动、相互作用和时间持续形成群体。群体可以分为有形体的群体和无形体的群体，前者如政党、公司、学校、学会；后者如民族、为某一社会事件而激发的舆论群。生活在有形群体的人们通过一定的形式组织起来并发动协调的行动，群体的界面比较清楚，群体意识也比较强；生活在无形群体的人们未通过一定的形式组织起来，群体的界面不清晰，群体与成员之间往往没有明确的义务与责任关系，由此产生的结果是，群体的意识比较弱。群体是广义的社会，社会是狭义的群体。从历史上看，一个相对完整的社会总与"共同的经济生活"及与之相应的经济基础相联系，而"共同的经济生活"是一个民族形成的"最主要的标志"②。

同个体一样，社会作为人群的集合体具有使自身得以存在和发展的需要。这种需要是人的需要，因而具有人的需要的一切本质特征；但它又不是群体所属的众多单个人需要的总和，"有的群体需要只是单个人需要中的一部分，也就是群体内众多单个人的需要中的共同需要"，如社会的安全需要；"有的群体需要只是单个人部分需要的基础，也就是群体内众多单个人共同需要的基础"③，如社会再生产自身生产关系的需要。社会的机体组织所产生的需要总会自觉或不自觉地反映在社会意识中。由需要转化而来的利益总体现着主体的意向，而"人的目的是意向之所向"④。于是，利益就

---

① 马克思、恩格斯：《马克思恩格斯全集》第 30 卷，人民出版社，1995，第 221 页。
② 冯契主编：《哲学大辞典》，上海辞书出版社，2001，第 1004 页。
③ 陈新汉：《民众评价论》，上海人民出版社，2004，第 35、36 页。
④ 冯契：《逻辑思维的辩证法》，华东师范大学出版社，1996，第 368 页。

通过与意向相联系的目的成为意志形成的根据。"要有同样的意志,这些多数人就要有同样的利益、同样的生活状况、同样的生存条件"①,这就指出了意志与利益、生活状况、生存条件之间的关系。与个体具有意志一样,社会也具有意志。"理智的工作仅在于认识这世界是如此,反之,意志的努力即在于使得这世界成为应如此"②,这就使意志成为能动性之源。具有意志的社会由此就成为主体。

社会同个体一样具有需要,需要体现了社会在生存和发展中的一定匮乏状态。为了克服这种匮乏状态,社会主体必然感兴趣于客体对于满足主体需要所具有的意义,由此就推动了社会的评价活动。社会主体的能动作用贯彻在社会自我评价活动作为评价活动的两个环节中:在第一个环节中,社会主体在选择用何种主体需要作为评价标准中发挥能动性,以确定以何种主体需要与作为客体的主体属性之间的价值关系作为反映对象。在第二个环节中,社会主体在反映和整合主体与作为客体的主体之间价值信息中发挥主体能动性,通过规范、价值判断和评价推理,整合价值信息,使之能清晰地呈现在社会主体的意识中。社会主体的能动作用尤其体现在促使社会评价活动向社会实践活动的转化上,以进行满足自己生存和发展需要的社会改造。

(二)社会评价活动的两种现实形态

社会能作为主体,但与具有有形形体的个体主体不一样,社会主体没有具体形体,以社会为主体的评价活动必须通过国家权威评价活动和社会民众评价活动来体现。社会评价活动除了这两种现实形态外没有其他现实形态。兹分析如下。

社会是由国家将众多个人结合起来的人群集合体构成的。在阶级社会中,国家"照例是最强大的、在经济上占统治地位的阶级的国家"③。国家机构处于社会层层相叠权力结构中的"金字塔"顶端,代表着以国家形式呈现的社会主体意志,是社会的法人代表,从而被认为是以"整个社会的

---

① 马克思、恩格斯:《马克思恩格斯全集》第 6 卷,人民出版社,1961,第 235 页。
② 〔德〕黑格尔:《小逻辑》,贺麟译,商务印书馆,1980,第 420 页。
③ 马克思、恩格斯:《马克思恩格斯选集》第 4 卷,人民出版社,1995,第 172 页。

等级"身份实现对社会的"普遍统治"①。"民主政体的国家和专制政体的国家之间的区别不在于有没有权威金字塔"②,而在于行使权威的方式不同。国家权威机构为实现对社会的有效统治,必然要对以社会现象形式体现出来的由人们的所作所为所形成的社会运动、社会事件和社会问题等进行评价活动。国家权威评价活动是社会评价活动的一种现实形态。

广大民众生活在社会基层的各个领域,切身地感受到以社会现象形式体现出来的社会运动、社会事件、社会问题对于自己利益所发生的影响。民众的利益尤其是切身利益一旦触动,便"如鲠在喉,不吐不快",因此必然会对这些社会现象议论纷纷,从而形成社会民众评价活动。这里的"民"与"官"相对应,意谓平民;这里的"众"与"寡"相对应,意谓多。在"民众"前加上"社会"两字,意谓不仅人数巨大,而且涉及面广,否则就不配冠以"社会"的定语。在社会民众评价活动中,"个人所享有的形式的主观自由在于,对普遍事务具有他特有的判断、意见和建议,并予以表达",因而表面上林林总总,似乎是混乱的和杂乱无章的;然而,"绝对的普遍物、实体性的东西和真实的东西"③ 却由此体现了出来,因而总体现着社会主体的意志。社会民众评价活动是社会评价活动的又一种现实形态。

(三)社会评价活动在本质上就是社会自我评价活动

需要作为社会主体生存和发展的匮乏状态,不仅体现着对于外部事物的依赖,而且体现着对于主体自身的依赖。于是社会主体就必然感兴趣于作为客体的社会对于满足社会主体需要所具有的意义,由此就推动了社会自我评价活动。虽然处于主体地位的社会和处于客体地位的社会是同一个社会,但主体的需要与主体的属性是不同的;尽管社会主体的需要本身也可以作为客体,但处于客体地位的社会主体需要以属性的形式呈现出来。

作为社会评价活动客体的社会总是以社会现实的形式存在着。社会现实总是以纷繁复杂、光怪陆离的社会现象的形式呈现出来,社会现象总体

---

① 马克思、恩格斯:《马克思恩格斯选集》第 1 卷,人民出版社,1995,第 13 页。
② Comter & Marks, *Main Current in Sociological Thought*, Bantam Doubleday Dell Publishing Group Inc., New York, 1989, p. 203.
③ 〔德〕黑格尔:《法哲学原理》,范扬、张企泰译,商务印书馆,1961,第 332 页。

现着社会现实。"现象是存在的根据,是比存在更为丰富的范畴。"① 把握了社会现象,就也把握了社会现实,从而也就把握了社会本身。由社会现象体现出来的社会现实有大有小,从理论上说,凡社会现实都是社会的体现,但只有范围广、影响大的社会现实才能直接和全面地体现社会。范围广、影响大的社会现实主要通过社会运动、社会事件、社会问题等社会现象现实地呈现出来。

社会主体通过直接对社会运动、社会事件、社会问题等社会现象的评价活动,也就是在对体现在社会现象中的社会现实进行评价。对于社会现实,马克思说:"随着对象性的现实在社会中对人来说到处成为人的本质力量的现实,成为人的现实,因而成为人自己的本质力量的现实,一切对象对他来说也就成为他自身的对象化,成为确证和实现他的个性的对象,成为他的对象,这就是说,对象成为他自身。"② 马克思的这段话是对作为人的本质力量体现的现实说的,社会"是人们交互作用的产物",因而马克思的这段话对于社会来说也是适用的,即社会现实是社会主体本质力量的体现。社会主体对社会现象的评价活动,就是揭示作为客体的社会属性与作为主体的社会需要之间的关系,从而赋予作为客体的由社会主体的所作所为所形成的社会状况以肯定或否定的意义,由此也就实现了对社会主体自身的评价。社会评价活动在本质上就是社会自我评价活动,尤其是在把范围广、影响大的社会现实作为评价客体时,社会评价活动直接就是社会自我评价活动。社会评价活动把国家权威评价活动和社会民众评价活动作为其得以运作的现实形态,顺理成章,国家权威评价活动和社会民众评价活动也就成为社会自我评价活动的现实形态,此外没有其他现实形态。

(四)社会自我评价活动对于社会自我意识自觉的意义

上面我们分析了自我评价活动对于自我意识的意义,顺理成章地就要分析社会自我评价活动对于社会自我意识的意义。社会意识包括社会意识形式和社会心理,意识形态是社会意识形式的核心。社会自我意识的自觉是与国家权威评价活动和社会民众评价活动对于意识形态和社会心理的作

---

① 〔德〕黑格尔:《小逻辑》,贺麟译,商务印书馆,1980,第276页。
② 马克思、恩格斯:《马克思恩格斯全集》第3卷,人民出版社,2002,第304页。

用联系在一起的，社会自我评价对于启迪社会自我意识的自觉具有重要的意义。兹作些分析。

第一，国家权威评价活动与意识形态。意识形态是统治者为"调节着自己时代的思想的生产和分配"①通过国家权威评价活动自觉建构的，具有"抽象的和独立的形式"，被描绘成是"具有普遍意义的思想"，在本质上是对社会存在的反映。意识形态作为"精神的太阳"②，能对现存社会作合法性论证。国家权威评价活动通过意识形态的规范作用，把社会主导价值观念与国民融合。国家权威评价活动是社会自我评价活动的现实形式，由此就可以把意识形态理解为是社会自我意识的具体体现，于是就能理解"意识形态的总体概念在理解我们的社会生活方面具有特别的意义和关联"③。

第二，社会民众评价活动与社会心理。社会心理是人们在其日常生活和相互交往中自发产生的不系统不定型的社会意识，"反映着一定社会当时的现实需要，反映着社会不同阶层（集团）人们的现实需要——利益关系"④。社会心理通过社会民众评价活动体现出来，社会民众评价活动"以逻辑的式固定下来"⑤积淀为社会心理。社会民众评价活动"包含着现实界的真正需要和正确趋向"⑥，能"本真"地体现社会自我意识，社会心理就成为社会自我意识的"本真"体现。

第三，国家权威评价活动与社会民众评价活动相互作用与社会意识的自觉。社会自我评价活动把国家权威评价活动作为其中的一种现实形态，然而由于某种原因，如后面要论述到的认识论或本体论等原因，国家权威机构有可能不能站在或不能正确地站在社会主体的立场上进行评价活动。社会自我评价活动把社会民众评价活动作为其中的一种现实形态，社会民众评价活动一般说来能"本真"地使社会主体实现对社会自我的评价，然而由于其特有的自发性所产生的盲目性，在某些情况下容易受到某种误导

---

① 马克思、恩格斯：《马克思恩格斯选集》第 2 卷，人民出版社，1960，第 52 页。
② 马克思、恩格斯：《马克思恩格斯全集》第 1 卷，人民出版社，1995，第 111 页。
③ 〔德〕卡尔·曼海姆：《意识形态与乌托邦》，黎鸣、李书崇译，商务印书馆，2009，第 71 页。
④ 赵泳：《社会自我意识研究》，陕西人民出版社，1998，第 79 页。
⑤ 列宁：《列宁全集》第 55 卷，人民出版社，1990，第 186 页。
⑥ 〔德〕黑格尔：《法哲学原理》，范扬、张企泰译，商务印书馆，1980，第 332 页。

或操纵，不能或不能很好地"本真"地体现社会自我意识。社会为了实现对自身的自我评价，社会主体在历史的漫长进化过程中必然会同时运用这两种现实形态并使之相互作用。国家权威机构在社会中所处的地位使它往往会以内在认可的方式接受社会民众评价活动的意见；当前者不能认同后者时，后者就往往会以强制的方式使前者认同，这就是"影响社会心理，也就是影响历史事变"①。国家权威评价活动通过国家机器的强制力量或形成宣传舆论对社会民众评价活动发生作用。国家权威评价活动与社会民众评价活动之间的相互作用与意识形态或社会意识形式与社会心理之间的相互作用联系在一起。于是，社会自我意识的自觉就在社会意识的内部运动即在社会意识形式，尤其是其中的意识形态与社会心理之间的相互作用中不断地实现。

【执行编辑：尹　岩】

---

① 〔苏〕普列汉诺夫：《论个人在历史中的作用问题》，唯真译，生活·读书·新知三联书店，1961，第39页。

社会评价对于社会规范的价值

朱弘睿[*]

【摘　要】　良好的社会规范的形成离不开其他各种社会意识以及社会构成要素的影响与作用，其中，社会评价对于社会规范的影响尤为突出。要明确这一点，需要在理解社会评价与社会规范的内涵以及社会作用的基础上，对社会评价对于社会规范的价值进行分析。根据社会评价与社会规范的关系，社会评价对于社会规范的价值体现在两个层面：一是以社会规范为评价对象的社会评价，二是作为社会规范组成部分的社会评价。这两种社会评价分别从外部和内部对社会规范的确立与发展发挥作用，通过对它们所产生影响的恰当利用能够帮助社会规范不断地向合理化与健全化的方向发展，从而体现出社会评价对于社会规范的重要作用与意义。

【关键词】　社会评价；社会规范；价值

在现代社会中，个人主体除了从自身的尺度出发进行各类主体性活动外，也会有意识地向社会主体进行过渡，这已经成为不争的事实。其过渡的结果体现为个人将自己视为社会主体的成员，自觉地站在社会主体的立场上，以社会的主体尺度为基础与标准来展开活动。这一事实是由个人最

---

[*]　朱弘睿，上海大学，主要研究方向为价值哲学。

基本的主体尺度要求所决定的，即个人主体为了保证自身的生存与发展，依靠社会的组织形式与统筹力量使其自身的活动能够在与其他个人主体的交往以及整体社会环境的稳定发展中得到协调与认可，从而避免可能的冲突以及对自身的不利影响甚至是危害。个人主体向社会主体的过渡是一个复杂的过程，其中会衍生出各种形式的社会意识，如社会认同和社会共识等；此外，社会意识中的某些部分又能够通过现实的社会资源与社会力量具化为确切的社会构成要素，如社会评价与社会规范等。这些社会意识与社会构成要素之间同样会相互影响与转化，其各自的社会效力以及它们之间的相互作用共同帮助个人主体完成向社会主体的过渡，进而对社会的稳定与发展产生影响。

尽管社会意识与社会构成要素会对社会产生作用与影响，但这并不意味着这些影响与作用就一定是积极与有利的。社会的和谐稳定与健全发展需要具有合理性的社会意识与要素来对其进行良性的帮助、调整与指导，其中，作为最具有强制作用与影响效力的社会规范对于社会的稳定发展显得尤为重要，如何形成合理的社会规范便成了社会发展问题中的一个重要关注点。在上述分析中已经提到，社会构成要素之间也存在着相互作用与影响，因此，从这一层面来考虑，同为社会构成要素的社会评价对于良性社会规范的确立具有怎样的意义是值得我们去分析和研究的。也就是说，良好的社会规范的确立、改进和执行应当受到其他社会意识与社会构成要素的监督与影响，其中社会评价因具有广泛的社会表达渠道与较强的社会影响效应而具备与之相对应的对于社会规范的监督和影响作用。如何在保证社会评价自身合理性的基础上，发挥对于社会规范的影响作用，决定了社会评价对于社会规范的价值，这种价值不仅会对社会规范的良性发展产生影响，同样也会在长远的角度上保证个人主体及其自身活动与社会主体及其尺度要求的协调与统一，对社会整体的稳定发展发挥作用。

一　社会评价与社会规范的内涵分析

要明确社会评价对于社会规范的价值，首先要理解社会评价与社会规范各自的内涵与社会作用，这些准备工作有助于我们分析社会评价与社会规范之间的关系，为解释社会评价对于社会规范的价值建立基础。

(一) 社会评价的内涵及其社会作用

作为一种重要的社会现象，社会评价一直以来都受到学界广泛的关注与深入的研究，与之相关的理论成果也是极为丰厚的。关于什么是社会评价，有两种颇具代表性的重要观点。陈新汉指出："评价活动是主体对于客体属性与主体需要之间的价值关系的认识活动。社会与评价活动联结在一起，就构成社会评价活动。对于社会评价活动一般有两种理解：一是把社会作为评价活动的客体，即指以社会为客体的评价活动，也就是评价社会或对社会的评价。这种含义上的社会评价研究，强调社会客体区别与非社会客体的差异性及其对评价活动和评价方法的影响和作用。二是把社会作为评价活动的主体，即指以社会为主体的评价活动，也就是从社会出发，来评价一切与社会有价值关系的现象。这种含义上的社会评价研究，强调社会主体区别于个人主体的差异性，及其对评价活动和评价方法的影响和作用。"① 李德顺则认为："狭义的社会评价，简称社会评价，是特指以社会为价值主体，即从社会主体或主流的立场和角度出发，去考察和评定各种现象的价值，判明它们对于社会的公共意义的现实评价。它是当下一种社会整体性的、对社会意识和社会实践都有实际效力的自觉活动。社会评价既不同于随时随地发生的个人评价，也不同于人类历史的评价，它是人类历史评价的现实阶段化样态，是社会中一切个人评价和群体评价的综合结果。"② 不论是哪一种对于社会评价的理解，都已经充分说明了其具体的形成机制以及所具有的社会作用，就本文的目的而言，这些成熟且全面的研究体系与成果也为接下来的研究工作提供了方便。

对于社会评价的本质属性，根据关于社会评价所做出的内涵分析，我们可以将其总结为以社会为主体所表达的社会观念，并且是一种具有具体的表达和传播途径，以及把实际的语言作为表现形式和内容载体的价值观念表达。在社会评价中，社会是观念与判断产生所依据的主要主体，同时也可以成为评价的对象，但不论以社会为评价对象，还是在社会主体的层

---

① 陈新汉：《论评价活动中的主体》，《学术月刊》1997年第7期。
② 李德顺：《价值论》，中国人民大学出版社，2013，第193页。

面上去以其他的现象与事件作为评价对象，社会评价最终的评定标准与解释基础都来自社会中具有合理性的主体尺度，并以此来保证社会评价本身及其内容的合理性。从这一角度来说，社会评价的合理性与其他社会意识以及社会构成要素的合理性具有同样的主体基础与最终目标，即社会主体以及作为其构成成员的个人主体共同稳定与发展。

对于社会评价基本的表现形式，李德顺认为可以整合为普遍的个人评价、公共舆论评价以及权威评价三种形式，而陈新汉认为可以分为民众评价和权威评价两种形式。尽管对于社会评价的分类方式与所参考的分类标准有所不同，但这些社会评价的基本形式都表明了社会中主要的评价主体、评价方式以及表达途径的内涵与区别，不同的社会评价也会在社会作用与影响力度上有着一定程度的差别。不论是哪一种对于社会评价基本形式的分类，其所指的社会评价在社会现实中都具有确定的表达途径与表现形式，在社会活动中真实存在且对于个人行为乃至社会运转产生着实际的影响，通过有效利用社会机制中的媒体资源与传播渠道而为社会与大众所关注，并发挥着社会观念与民众思想的整合以及表达作用，进而在以语言为媒介的传播过程中产生相应的社会作用与影响。因此，在保证以及确定其合理性的基础上，社会评价对于社会所具有的积极作用必然是受到重视并加以利用的，具有合理性的社会共识也需要通过转化为合理的社会评价来进一步发挥其潜在的社会作用。

上述对于社会评价的内涵理解与社会作用的深刻解释为我们理清社会评价与社会规范的关系奠定了一个方面基础，而展开它们之间关系研究之前的另外一个基础，便是对社会规范的内涵及其社会作用的分析。

（二）社会规范的内涵及其社会作用

社会规范作为保障社会秩序与约束社会成员行为的公共标准，往往被认为是主体在社会活动中最具有规范效力与影响作用的构成要素。对于其现实的表现形式，"社会规范通常是以多种不同的表现形式存在着，风俗、法律、制度、道德是其中一些最常见、最基本的，在人类的社会生活中作用与影响最突出的几种形式"[①]，因此，社会规范在现实中的体现方式与作

---

① 林剑：《社会规范领域中的义务与责任》，《学术月刊》2010年第10期。

用范围也十分的广泛。

从形成来源及其主要作用来看，社会规范概念的基本含义是以社会平衡稳定与发展为目的形成的社会规则，根据其形成的目的与主要的作用范围，在社会中具有强制规范作用以及公众认可的管理体系与规则都可以被认定为社会规范的所指对象，作为公共评价与管理体系的法律、道德以及不同公共领域的规章制度乃至风俗传统等都被包含在其中。本文所讨论的社会规范，主要侧重于具有确定文字与语言条例规定的规范内容，如上述所提到的法律与规章制度等，这些社会规范的确立和形成离不开社会全体成员的协商与认可，所面对的问题也都关乎着主体最基本与最普遍的尺度要求，对于社会秩序的稳定与发展具有极其重要的作用，因而与社会评价有着十分密切的关系。这些社会规范的形成过程也必然要经过社会评价的合理性考察以及有关机构与部门的科学研究与论证，并最终以明确的条文规定形式表现出来，依靠社会的强制力量与教育观念引导来加以执行和深入到社会成员的观念之中。而对于其他较为模糊和约定俗成的社会规范，如道德和风俗习惯等，它们的形成来源一直以来都因各种环境与传统乃至形而上学问题等复杂因素影响而在伦理学研究中备受争议，要完全阐明其形成机制也极为困难，其形成和在社会中的推行虽然同样需要社会评价力量的帮助，却不一定严格按照和依靠社会评价合理性的规范要求，再加上其所关注的对象往往不是最基本的主体尺度要求所要面对的问题，而是在主体基本要求之外的更为复杂或更高层次的行为与生活规范，因而也更具有争议性且难以与明文规定以及强制力量有机结合来发挥作用。

不论是哪一类社会规范形式，其自身都需要随着社会的变化以及主体自身的发展而进行调整。社会评价要在社会规范的形成与发展中发挥作用，就需要从主体与主体尺度层面将自身的规范尺度与标准内化为社会规范的尺度标准，并依靠自身的合理性来为公众认可与接受社会规范提供基础与条件。而在这个过程中，社会共识必然也要通过社会评价的有力表达与影响作用来参与其中，社会评价也能凭借着自身的社会表达途径与资源，以及对于社会共识的提炼、整理与总结来提高它们共同对于社会规范的影响作用与效率。

二　社会评价与社会规范共同的规范尺度

当作为一种主体尺度存在于社会主体中时，规范尺度不仅仅通过社会规范的内容来表达和实践其尺度要求，也同样有可能蕴含在其他社会意识与社会构成要素中。例如在某些社会共识与社会评价中，我们同样能通过对它们表达内容的分析发现某种规范的尺度要求，进一步地，规范尺度会成为社会规范与这些社会共识以及社会评价共同的基础而将它们联系起来。要明确社会共识、社会评价以及社会规范的关系，实现它们在社会活动中的有机统一，就需要考察将这三者联系起来的共同基础即主体与主体尺度，更确切地说，是主体的规范尺度。通过对作为主体尺度的规范、个人主体的规范尺度和社会主体的规范尺度的分析，能够帮助我们理解社会共识、社会评价以及社会规范的规范意义以及如何实现它们的规范效力。

（一）作为主体尺度的规范

严格来说，规范这一概念并不完全属于主体尺度的范畴，因为在主体之外的客观世界与自然环境中，同样存在着大量可以使用规范概念来描述的现象，例如动物在群居活动中所形成的生活规则以及客观事物的自然规律等。对于动物的群居规则而言，其所具有的规范特征似乎更为明显，也常常在生物学的习性研究中有所体现并可以与人类的社会行为进行对比；而对于自然规律，其是否具有规范性仍然是一个有着巨大争议的问题。但我们至少可以明确的是，在人类生活之中，这些自然规律确实为人们的活动规范提供了重要的参考标准甚至成为其中的构成部分。这些在主体意义之外的规范性探讨的案例还有很多，它们都说明了规范概念与规范问题的复杂程度之深与涵盖范围之广，因此当我们想使用这个概念来作为社会共识、社会评价以及社会规范的共同基础时，就必须严格界定其使用的范畴。

尽管规范与主体尺度之间并不存在蕴含关系，但也并非完全相互独立，其与主体本身以及主体的其他主体尺度之间存在着十分密切的关系。在某些情况下，主体基于自身尺度所形成的判断之中也往往带有主体的一种规范要求，这种规范要求既是主体需要的对象，也能够成为主体尺度本身的构成部分。也就是说：如果主体的价值判断要依靠规范作用与效力来帮助其满足需要的目标或是实现判断所提出的要求时，那么规范就同样会成为主体需要的对象；进一步地，如果任意一个主体的价值判断伴随着规范要求时，那么其所依据的主体尺度中也就必然会将规范作为尺度的标准之一。对于作为主体尺度的规范，其并不像其他诸如需要和能力等主体尺度与主体的价值判断存在最直接和最明显的关系或影响作用，因此也不能作为最基本的主体尺度而成为价值判断的唯一标准。当规范作为一种主体尺度参与形成价值判断时，其往往是作为帮助其他主体尺度更好地实现标准作用以及帮助价值判断本身达成其判断目的的一种手段或工具尺度，借助规范性语词使价值判断体现出其蕴含的规范要求。即只有在某种规范要求下，这些价值判断才能够实现或具有与其尺度标准相对应的意义，比如我们俗话常说的"无规矩不成方圆""君子爱财，取之有道"以及"量力而行"等，都体现了主体的价值判断中的规范要求。总之，主体的规范尺度体现了主体的价值判断可能伴随的规范要求，但并不是所有的价值判断都会带有规范要求，所以作为主体尺度的规范只会出现在满足上述条件的特定价值判断中。

（二）个人主体的规范尺度

对于个人主体的规范尺度，可以从个人主体对自身的规范与个人主体对他人的规范两个方面展开分析：从个人主体对自身的规范来看，其规范尺度主要来自人类的自然属性、个人的能力以及个人的需要等影响因素。例如，我们会根据自身的生物节律来规划自己的作息习惯，并为保持良好的健康状态而规范和坚持这种符合自身生理特性的生活习惯，尽量避免那些可能对健康形成损害的行为习惯。在个人能力方面，我们会先根据自身的能力现状去规划自己能够做到什么，对于能力之外的行为，则做出进一步的判断——如果这种行为是我们能力始终不能及的，那么就会避免此类行为的产生；但是如果某种能力可以通过活动与训练来达到并且我们想要获取这种能力的话，我们就会规划出相应的规范计划来帮助我们提升这种能力。而在个人需要方面，与提升个人能力相类似，或者说能力提升也是需要的一种情况，个人为了满足自身需要，如果需要的对象要求我们通过规范的行为与计划才能获得的话，我们就做出为了满足需要而具有规范要求的判断，因此这种需要往往会伴随着我们对自身的规范要求。可以说，个人主体对于自身的规范每时每刻地体现在我们的日常生活中，并且在很大程度上决定了我们的日常行为习惯。

从个人主体对他人的规范来看，这种规范尺度除了根据他人的自然属性、能力与需要做出的规范要求外，还有个人主体基于自身的需要对他人提出的规范要求。对于个人主体基于他人的主体尺度而产生的规范尺度，最明显的情况便是体现在父母对于子女所做出的规范要求。在父母培养子女的过程中，会最大限度地为子女制定规律的生活习惯、规划能力提升计划以及为子女的需要目标提供规范方案；而对于个人主体基于自身的需要而产生的对他人的规范尺度，则是在个人主体的需要不能仅仅依靠自身的活动来实现时，就会对其他相关的个人提出相应的规范要求。通过对他人的规范来满足自身的需要，根据规范要求的不同程度以及现实个人之间的关系差异，这类规范尺度通常会表现为对他人的期望、请求甚至是命令。个人主体对他人的规范尺度在我们的生活之中同样存在广泛且时有体现，但这种规范尺度并不一定是完全合理的，因此其本身同样需要加以规范。

（三）社会主体的规范尺度

至于社会主体的规范尺度，其尺度来源主要是社会主体两个方面的需要：一是为个人主体的规范尺度，尤其是个人主体对他人的规范要求提供合理的规范标准，以避免个人主体的规范要求可能带来的对自身以及他人其他主体尺度的损害与冲突；二是根据个人主体合理的规范尺度，当个人主体的规范要求对于社会主体而言同样必要且需要依靠社会的规范效力来实现与发挥作用时，这种合理的规范尺度就会成为一种社会主体的规范尺度。

对于社会主体的规范尺度的第一类来源，由于其目的在于为个人主体的规范尺度提供规范标准，因此这类规范尺度具有很高的理论严谨、逻辑有效以及现实基础要求。要确立这类规范尺度的基础与标准，需要大量的理论研究与体系建构工作，这也正是本文以及同类理论工作共同的研究目标，即通过长期而严谨的理论分析与研究，确立有效乃至可靠的规范基础与规范体系，为个人主体的规范性行为提供标准并形成合理的规范尺度。

同时，现实中的社会主体在对个人主体提出规范要求或是约束个人主体的规范尺度时，也需要参考上述合理的理论体系制定可靠的规范标准，以保证社会主体的规范尺度在实际生活中具备个人主体所认同的规范效力，否则这种规范尺度就会因质疑与反对而失去其应有的作用与意义。而对于社会主体的规范尺度的第二类来源，实际上也就是社会共识、社会评价以及社会规范的共同基础。值得注意的是，并非所有的社会共识与社会评价都具有规范要求，只有当它们符合个人主体需要依靠社会规范效力来实现自己的合理规范要求，以及社会主体自身同样需要这种规范尺度这两个基本条件时，才会体现出相应的规范特征，并根据这种规范基础使两者以及社会规范之间有机地联系起来，通过相互的关系与作用实现各自的规范效力。基于社会主体的规范尺度，社会共识与社会评价借助规范性语词表现出相应的规范要求，但若想使这种规范要求具有现实的规范效力，还需要借助社会规范在社会活动的实际影响与强制作用，至于这些社会主体意识的表现形式具体的相互关系以及如何发挥各自的规范效力，则是我们接下来的研究所要面对的问题。

三 社会评价与社会规范的价值分析

当讨论"社会评价对社会规范的价值"这样一个问题时，实际上是以社会为主体、社会评价为客体来讨论客体对于主体而言具有怎样的价值。这其中，社会规范作为社会的有机内容而成为判断社会评价这一客体的价值的尺度，即合理的社会规范体现了社会主体需要的内在尺度，而社会评价的价值在这里体现在如何符合社会主体的这种内在尺度，但社会评价与社会规范之间又不是两个完全独立的概念。可以说，尽管我们是以社会评价为客体来考虑其对于社会主体的价值，但社会评价本身也同样是社会的内容之一且与社会规范具有某些关系。

（一）社会评价与社会规范的关系

要理解社会评价对于社会规范的价值，首先要明确社会评价与社会规范的关系。社会评价中主要包括了"普遍的个人评价""公共舆论评价"以及"权威评价"三个基本层次,其中"普遍的个人评价"与"公共舆论评价"都是会对社会规范的形成产生某种程度影响的重要因素,而"权威评价"则能够成为已形成的社会规范的重要组成部分。而社会规范概念,其基本含义是以社会平衡稳定与发展为目的形成的社会规则,因此社会规范这一概念的涵盖范围十分广泛,作为公共评价与管理体系的法律、道德以及不同公共领域的规章制度等都被包含在其中,根据社会规范的形成程度又可以划分出已形成的社会规范和正在形成的社会规范。当我们将社会规范与社会评价联系起来进行讨论时,社会规范同样也会具有以下几个特点:首先,当社会作为价值主体时,社会规范作为一种与社会主体具有价值关系的现象,同样也是一种价值事实。所谓价值事实,指的是"主客体之间价值关系运动所形成的一种客观的、不依赖于评价者主观意识的存在状态,它既是客体对主体的实际意义,又是一种'客观'的事实"①。因此社会规范本身也是一种以社会为主体与以社会现实为客体之间价值关系的产物;其次,社会规范往往是基于一定的社会现实与现象,根据已有的经验与某种逻辑体系建立起来的,因此社会规范的主体部分是具有现实基础且逻辑可循的社会规则,而社会规范中具有争议的部分往往便是逻辑含混或矛盾以及现实基础产生变化的部分,例如道德规范就是常常具有这种争议而备受伦理学者关注的部分。

根据对于社会评价与社会规范概念的解释,明显可以发现社会评价与社会规范不是两个完全独立的概念,社会评价能够成为社会规范的组成部分,而已形成的社会规范也能够成为社会评价标准的外在形式或是社会评价的对象,因而在讨论"社会评价对社会规范的价值"这一问题前,还需要把握这两者之间的关系。至少基于上述概念的说明,就可以发现两种完全不同的关系。第一种关系,即当社会评价将社会规范这一社会的价值事实作为评价对象时,社会评价便成了一种对已形成的社会规范判断其合理与否的评价体系;在这种关系中社会评价对于社会规范的价值实际上取决于社会评价以社会规范为对象进行评价时的价值标准是怎样的,因而社会评价的价值也就体现在应该确立怎样的一种价值标准上;在这种关系中,

---

① 李德顺:《价值论》,中国人民大学出版社,2013,第161页。

由于社会规范是社会评价的评价对象,因此不同于社会评价以其他社会的价值事实为对象,评价的价值标准也不能仅仅依靠评价标准的外在形式即社会规范所包含的社会成文的法律和规则体系,否则就有可能形成社会规范利用自身的这种优势限制社会评价对自身产生影响这样一种不利于社会评价的循环状况,因而这个价值标准必须是某种比社会规范更为基础的东西即合理的社会规范的形成基础。而另外一种关系,则是社会评价本身也可以作为社会规范的组成部分或是参考基础,与社会规范一起发挥其对于社会的约束与规范效力。在这种关系中讨论社会评价对于社会规范的价值这一问题,实际上是在讨论社会评价对于社会规范的现实实践与发展具有怎样的意义或是负面作用,从而确定一套良性的社会评价体系来帮助合理的社会规范进行运用与发展;而这其中又有诸多具体的社会评价对于社会规范的价值问题,即不同层次的社会评价对于社会规范的影响,要求我们去分析每一个层次的社会评价中涉及的某些具体的现实问题,因而在第二种关系中社会评价对于社会规范的价值也会因为社会评价本身所具有的层次性而具有层次性。

通过对上述两种社会评价与社会规范关系的分析,可以明确"社会评价对社会规范的价值"这一问题是一个涉及诸多方面与分析路径的问题,因此至少要通过"以社会规范评价对象的社会评价"与"作为社会规范组成部分的社会评价"这两条路径来对这个问题加以分析。

(二)以社会规范为评价对象的社会评价

当社会评价以社会规范为评价对象时,社会评价对社会规范的价值取决于社会评价的价值标准是怎样的,根据上文已经提到的,这种价值标准必须是一种合理的社会规范的形成基础,它是社会满足自身稳定与发展需要的主体尺度。社会主体对于社会规范的评价通过这样的一个价值标准来判断已形成的社会规范是否符合社会平衡与发展的需要。因此,要确定这样的一种价值标准究竟是什么,就必须从社会的自身需要即主体尺度入手,考虑社会规范最根本的基础。

社会主体的形成,离不开作为社会成员的每一个个人主体。所谓个人主体,在社会背景下是指以社会性活动为对象作为行动者的个人,个人的主体尺度在社会活动中体现为个人在与他人构成的社会交往中满足自身一定程度的需要。由于个人需要的多样性与差异性，个人不可避免地存在于与他人构成的社会交往之中，因而不同的个人之间需要的冲突是在所难免的，但是个人委身于社会性活动所要达到的根本目的是通过社会的稳定与发展来保证个人自身稳定与发展的需要，因此个人必须通过协调与他人之间需要的冲突，以保证自身稳定与发展这一基本需要的满足，代表着个人与社会共同需要的社会契约就在这样的一个过程中逐步形成。首先是个人最基本的生存与安全的需要，这也是社会稳定的最基本保障，因而个人与他人需要最初的协调就是将个人的生存与安全作为最基本的共同需要，每一个个人的其他需要都不能与这一基本需要相冲突，保障个人生存与安全的社会规范在这样的一个前提下逐渐建立和完善起来。在这样的基础之上，人们不断地协调自身与他人之间需要的矛盾，在保证互相不会发生冲突的前提下使得自身需要获得最大的满足与发展，社会主体因此而逐渐形成，社会的主体尺度的具体内涵因与个人主体联系起来而变得确定且清晰。同样地，包括法律、道德以及其他相关社会制度在内的社会规范也基于这样的社会主体尺度不断地形成与完善。

通过对上述社会主体与个人主体之间关系的分析，可以发现社会的主体尺度也就是社会稳定与发展的需要，其根本的内涵是个人主体之间需要的相互协调，在满足最基本的生存与安全需要的前提下使得每一个个人主体的其他需要获得最大限度的满足与发展。这样的相互协调，实际上就是社会契约或是社会规范形成的最为基本的基础，即社会共识。由此一来，社会评价对于社会规范评价的价值标准也就确定了下来，即社会规范的建立是否符合个人主体之间的共识。由于个人主体之间的共识也在不断地完善或是改变，同时也会有新的共识在不断地产生，因此对于社会规范而言，已形成的合理的社会规范也会不断地完善与改变，同时也会有新的社会规范不断地产生。社会评价对于社会规范的价值，就体现在社会评价如何根据上述价值标准即个人主体之间的共识来判断已形成的社会规范是否符合社会主体的需要。尽管社会主体是由个人主体组成的，社会主体的尺度代表的是个人主体之间需要的共识，但这并不等同于社会评价对于社会规范的价值标准就是个人主体的需要，这个价值标准必须要明确其内涵中共识的原则,也就是以保证个人生存与安全需要为前提来满足每一个个人主体的其他需要。随着社会与人自身的发展,在生存与安全需要这些基本的需要之后,个人主体之间通过相互的协调也会逐步形成其他新的共识,例如在保证不会伤害其他人的前提下满足每一个个人主体在思想、言论与行动自由的需要等,当社会评价对社会规范进行评价时,应当始终把握这样一种共识所代表的原则,去判断社会规范背后是否具有某种个人主体之间相互协调所形成的共识。

针对上述价值标准所反映的问题,笔者将通过以下几个具体的例子来做进一步的说明:首先可以假设这样的一个例子,对于一个穷困潦倒而依靠盗窃抢劫来维持自己生存需要的人,尽管我们可能会对于他的这种境况产生同情,认为他这么做也是无可奈何,但是社会评价却不能以这个人的个人主体需要作为评判社会规范中对盗窃抢劫行为进行禁止与惩罚的价值标准,并借此来认为禁止与惩罚盗窃抢劫的社会规范是不合理的,因为对于这样一种个人需要的特殊情况,在社会中很难将其作为一种大家相互协调并接受的共识,也就是认为穷困潦倒的人可以通过某种程度上损害他人的安全需要,例如财产安全甚至是生命安全的需要来满足自身的生存需要,相反,保证社会中每个个体的财产安全与生存安全的需要才是我们所能肯定的个人主体需要所形成的共识。我们当然可以根据自己内心的其他某些需要,例如帮助他人以使内心得到满足的需要来帮助这个穷困潦倒的犯罪分子,改变他的生活状况甚至是他的品行德性,但这必定是在社会规范做出相应惩罚之后的某种行为,这种行为既可以是个人行为,也可以是社会规范根据社会扶持贫穷的人或是弱者的需要而形成的某种其他社会扶持机制。我们不能阻止社会规范首先对他进行应有的管理与惩罚,而社会评价在这种情况中能够进行评判的,只是社会规范的惩罚机制与判刑标准是否符合个人主体之间对于这种惩罚所形成的共识。

同样地,如果一个公司的管理人认为公司的员工所需要的是自身工作能力的提升与个人价值的发掘,并且独断地认为公司员工的需要理所应当地与公司业绩提升以及公司发展的需要相一致,从而在未与员工达成共识的情况下擅自决定增加员工的工作与加班时间,并为改变社会规范中有关劳动的相关法律提出上述自以为合理的理由,不论这个公司的管理人具有怎样的社会地位，其话语具有怎样的社会影响力，其对于改变社会规范中相关劳动法律的评价都不能成为一种合理的社会评价，因为这种评价的标准并非真正来自社会中个人主体所达成的共识，而仅仅只是基于公司管理人个人经验与需要所形成的判断，尽管他自认为与员工的需要形成了"共识"，却并未得到真正的个人主体的共识的认可。相反，这种做法违背了个人主体对于自身自由发展的需要，剥夺了人在社会活动中所保有的自由的权力。因此，对于这样的一种评价，其并不具有社会评价对于社会规范所应有的价值，其所依靠的价值标准也仅仅只是个人的主体尺度而并非具有公共性与共识性的社会主体尺度。因而对于这样的评价我们也难以将其认可为具有任何公共影响力的社会评价。

（三）作为社会规范组成部分的社会评价

作为社会规范组成部分的社会评价，也就是能够发挥在社会活动中的规范与约束效力的社会评价，它们不仅帮助社会规范通过评价的形式对人的行为与判断产生影响，也可以作为社会共识的表达形式使已经确立且有效的社会共识能够在实际的社会生活中发挥规范作用。要考察这种社会评价对于社会规范的价值，必须从普遍的个人评价、公共舆论评价以及权威评价这几个层面来讨论其对于社会规范可能产生的有利影响与不利影响，并通过提出和建立使用这些社会评价时的规范要求与形式来确保其对于社会规范的价值。

首先，对于普遍的个人评价，由于其是与普遍、基本的个人主体尺度关系最为紧密的社会评价形式，因此也会是最能体现社会共识规范效力的表达形式。在这种社会评价中，个人主体将自身具有普遍共性或是基本的主体尺度与社会的主体尺度联系起来，对行为与事件作出符合这种主体尺度要求的判断并产生相应的评价内容。不论其是否与社会规范产生联系，即不论其是否会对实际的社会活动产生规范效力，对于使用这种社会评价的规范性要求始终都是确定且与对有效的社会共识的判断标准相一致，也就是根据对于社会共识的主体基础研究所建立的对于社会共识的判断机制。当我们想使用这些普遍的个人评价对社会中的行为与事件进行规范性的评价与约束时，这些评价内容与其所对应的社会共识都必须满足我们所建立的关于具体社会共识问题的判断机制，只有当它们能够满足在之前研究中所确立的判断标准时，才能够承认这些社会评价与社会共识是确实有效的并接受与之相应的规范效力与作用。

而对于公共舆论评价，由于当代媒体与新闻借助互联网技术而得到发展，其日益多样化、日常化与自由化的形式已经成为生活中最为常见的一种社会评价形式，而这种评价形式也是考虑其对于社会规范的价值时最为复杂且最需要确立规范标准的部分。尽管公共舆论评价看似是作为一种普遍的个人评价更为直接和具有代表性的表达方式，但与普遍的个人评价相比，这种社会评价却多出了一个可以说是十分糟糕的特性——不对称的信息传递。在普遍的个人评价中，个人主体往往是对与自身活动直接相关的行为与事件来进行判断与评价，由于个人主体对于其评价的对象能够获得足够充分的信息，因而也能将这些与自己密切相关的行为或事件和自身主体尺度以及社会主体尺度有效地结合起来以产生合理的判断与评价，且这些判断与评价本身就会确定为最终的社会评价与社会共识；但在公共舆论评价中，个人主体所面对的有时并不是与其自身直接相关的行为或事件，而是通过现代媒体的传播手段间接地了解和获取关于某些事件与行为的信息并对其加以判断和评价，在这个过程中，由于存在不对称的信息传递过程，某些媒体或个人可以利用这一点来对这些信息内容进行加工，例如只传递自己想传递出去的信息内容而将其他同样重要的信息加以屏蔽与消除，或者是在陈述某些信息内容时加入纯粹个人的判断与评价以使得这些信息本身就带有基于某种个人主体尺度的观念引导作用，从而对其他的信息受众在评价与判断活动上产生影响；同时，公共舆论评价在表达普遍的个人评价时，由于最终的发布权力始终掌握在少数媒体机构甚至是个人的手中，这些把握着信息传递功能的人自然也能够只根据自身的主体尺度要求来挑选对自己有利或是自己所期望的社会评价内容来进行发布与表达。这些不对称的信息传递方式都会使得公共舆论评价与普遍的个人评价以及社会共识之间产生一种隔阂，并对社会评价对于社会规范的作用产生不利影响，使媒体与某些个人单方面地主导社会评价整体对于社会规范的作用。

要解决这种公共舆论的社会评价所具有的负面特性并非易事，尽管我们在理论层面能够提出最低限度的规范性要求，但在实际运用与实践活动中却仍会有诸多的困难。从理论层面上来说，这种不对称的信息传递至少需要两个方面的规范性约束：首先，对于媒体向公众传递的行为与事件的相关信息，需要要求在这些信息传递的过程中保证只陈述所发生的事件与所产生的行为等只指称事实本身的内容，而不会添加某些带有个人主体评价与判断的内容或是相关的引导性语词，并且保证陈述事实内容的准确与全面，对于尚未清楚的信息要加以表明；其次，在媒体发布与表达社会评价内容时，要明确表示这些评价是来自哪些主体基于何种主体尺度所发表的评价，这些评价可以是单个个人主体基于自身尺度的评价，也可以是某种普遍的个人评价，但不论是哪一种，都必须明确这些评价的来源以及提出这些评价所依据的主体尺度。尽管从理论上能够对这种社会评价的使用方式做出规范性要求，但实际情况的复杂性始终阻碍着其规范效力的实现，以至于很难保证这些规范性要求能够对现实的社会现象产生作用，因此当讨论这一部分的社会评价对于社会规范的价值时，只能认定其在一定程度上确实能够帮助社会共识对于我们的社会活动作出规范性的表达，也可以为社会规范提供一种舆论上的影响作用，但由于其所存在的弊端，这种社会评价有时也会阻碍某些有效社会共识的形成或者产生与合理社会规范相反的约束和引导作用，从而对某些社会活动造成不利的影响。

最后，对于权威评价，当作为已经形成的合理的社会规范的一种表达形式时，其对于社会规范的价值与作用自然也是清晰而明确的。作为能够对社会活动产生有力规范作用的社会评价，这些权威评价的可靠性主要来自与合理的社会规范的一致性以及相关的权威机构基于社会信任所能提供的有效保障。对于这些权威评价所陈述的内容，其形式上也不会像其他的社会评价那样过于简单即只陈述评价或是判断的结果，而会对评价的内容进行系统的论述或科学的证明，这些严谨的发布与表达形式同样为权威评价提供了一种有效性的支持。值得注意的是，在某些社会评价中，存在部分伪权威评价，这部分社会评价往往只会强调其虚伪的权威性而无法满足上述权威评价的可靠性条件，尽管它们在形式上也会使用诸如"专家发现""有关部门认定"或是"可靠研究"等陈述方式，但却仅仅止步于形式而无法给出确切的可靠性来源，这些评价在范畴上并不属于权威评价而只是公共舆论评价的一种糟糕表现形式。对于真正的权威评价，其详细的内涵与其作为社会评价所使用的评价标准在价值论的主体性研究中已经完成了体系化的分析①，因此就不再赘述，而根据权威评价的这些特性，其对于社会规范的价值也就会在帮助社会规范通过社会评价的形式对个人的社会活动进行引导和约束中得到充分的体现。

【执行编辑：尹　岩】

---

① 李德顺：《价值论》，中国人民大学出版社，2013，第195—200页。

人工智能：从存在论到认识论的飞跃*

王金伟**

【摘　要】　人工智能作为人类智能的延伸和映射，已经迅速进入人类活动的各种场景，并全面影响到人类的当下及未来。人工智能是否会发展成与人类智能相平行的智能存在？人工智能是否预示着人类创构的"人工物"会具有"思想"？如何看待人工智能的存在？一系列关于人工智能的存在论和认识论的问题已经涌现在人类的思考之中。科学技术的发明创造正在以前所未有的速度改变着人类文明的前进走向，因此，人类必须要思考和审视人工智能带给人类的深刻影响，并从中审视人工智能所带来的"异化"的后果和风险。从人工智能的"本体（存在）"出发，实现对人工智能的全面认识和理解，是当下人类必须做的最紧迫的工作。

【关键词】　人工智能；存在论；认识论

自 1946 年约翰·冯·诺依曼发明计算机至今，人类拥有计算机已经有 70 多年的历史。电子计算机的器件和结构从电子管到晶体管、从中小规模

---

* 本文系教育部哲学社会科学研究重大课题攻关项目"人工智能的哲学思考研究"（18JZD013）和上海市哲学社会科学规划课题"'规范性力量'视角下新时代中国共产党形象的国际传播研究"（2020BKS006）的阶段性成果。

** 王金伟，上海大学马克思主义学院助理研究员，主要研究方向为思政教育、人工智能。

集成电路到大规模集成电路，发展速度已经远远超过人类对计算机的最初想象。计算机从商用到家用的迅速发展，已经成为20世纪最为重要的科技发明之一。计算机的诞生标志着人类智能有了存储的载体和运行的空间，并能够通过"算法"来发挥出超过人类的能力。

1997年，当IBM公司推出的"深蓝"计算机，第一次用数据分析的方式打败了当时世界国际象棋冠军——卡斯帕罗夫，卡斯帕罗夫说："我是第一位受到机器威胁的知识工作者。"这一轰动世界的事件意味着人工智能（AI）的发展已经真正开始了，也意味着计算机技术开始趋向于成熟。这一事件距计算机的发明仅用了50年的时间，距世界著名的人工智能会议——1956年夏季"达特茅斯会议"的召开仅过去了40年的时间。所以说，计算机的发展以超乎想象的速度在迅猛发展，并且深入了社会生活的各个领域。近年来由于计算机技术的迅速发展和网络技术的广泛应用，人工智能前景和未来成了当今科技领域乃至社会领域最为关注的议题。因此，有必要针对人工智能及其认识做出系统性梳理，从中窥见人工智能发展的方向及影响。

一　人工智能的存在论

人工智能作为一项人类发明的技术成果与人类文明的发展紧密相关，通过工具发明和技术改进促进人能够从繁重的体力和脑力劳动中解放出来，是人类与其他生命体最大的区别。当人工智能在某些方面远远超过人类智能的情况出现时，对于人工智能与人类智能的思考就摆在人类面前。何谓人工智能？这已经成为涉及人工智能存在论的根本性问题。

马克思指出："通过实践创造对象世界，改造无机界，人证明自己是有意识的类存在物，就是说是这样一种存在物，它把类看做自己的本质，或者说把自身看做类存在物。"① 人作为类存在物，有其发展的自然历程，人类的存续与发展是作为类的延续，并以此为基石的发展。人类经过漫长的生物进化过程走到今天，是有一套生物机能和自然遵循。人类智慧是伴随着生物进化而产生的最为奇妙的生命奇迹。

---

① 马克思：《1844年经济学哲学手稿》，人民出版社，2018，第53页。

人工智能是人类智慧通过不断的实践而创造出来的对象世界，这个对象世界以人类智慧的结果而呈现出来。因此，认识对象世界必须从认识人类自己出发。恩格斯说："随着自然规律知识的迅速增加，人对自然界起反作用的手段也增加了；如果人脑不随着手、不和手一起、不是部分地借助于手而相应地发展起来，那么单靠手是永远造不出蒸汽机来的。"① 以人类知识为限，迄今为止人类作为是脑力和体力有机结合最优、并且生活在地球上的最高智慧生物体，有着生物体无可企及的智慧和能力。人类是自然界的产物，人类智慧的形成与人类自己的实践活动紧密相连，人类在实践中产生了语言，在交往中发展了智慧。人类智慧通过外在工具转化为探索未知世界的关键性力量，人类使用工具的变化明显感受到人类智慧发展的历程。人类在实践中产生了智慧，并将智慧运用于实践过程之中，从而使人类社会经历了石器时代、青铜器时代、铁器时代、蒸汽时代、电力时代，并迅速进入了信息时代和人工智能时代。由此可见，人工智能是人类发明和创造的认识世界和改造世界的工具。

科学技术的发展往往会使人类陷入这样一种理论与实践界限模糊的状态。人类社会往往会根据现有的知识和经验来判断发展的需要，只要科学技术的发展，能够为人类带来可以预期的利益，这样的科学技术就是可行的、可复制、可推广的。这样的结果往往导致人类认识世界会局限于某一方面（经济利益或政治利益）来进行考察，而忽视涉及指导思想本身的深入思考。例如，20世纪五六十年代英国伦敦鼓励在伦敦市内发展不同类型的工厂，包括各种大型的火力发电厂、煤厂和化工厂等人类最新创造性成果来推动经济发展，直接导致伦敦烟雾酸雨事件的发生，并直接导致12 000多人的死亡。在新中国成立初期的特殊历史阶段，中国提出"向自然界开战，发展我们的经济，发展我们的文化"的指导思想，该实践的发展直接造成了中国自然生态系统的破坏，从而间接导致中国北方沙尘天气的增加，严重影响到人类身心健康。这样的理论与实践界限模糊的例子不胜枚举，因此，关于人工智能的认识必须从人类社会发展的整体来进行考察，而不能局限于满足人类的阶段性需求方面来开展。

---

① 马克思、恩格斯：《马克思恩格斯选集》第4卷，人民出版社，1995，第274页。

探讨人工智能技术也需要像人类所经历的以往的科技成果应用一样进行存在论的审视和思考。人工智能作为人类发明创造的对象物有其产生和发展的逻辑，因此，必须重视何谓人工智能、何谓人工智能技术、何谓人工智能体等一系列关乎人工智能存在和发展的根基性议题的存在。"20 世纪下半叶，计算机科学家们在创构一些大型而稳健的本体，但相对而言很少讨论本体是'如何'创构的。这无疑为哲学存在论研究提供了广阔空间，从基本概念的厘清开始，就是存在论研究的重要工作。"① 人工智能首先作为一项技术存在是与人的发明创造紧密相关的，人工智能技术的存在需要技术的载体——人工智能体，人工智能体可以表现多种多样。人们往往将人型机器人（聊天机器人、迎宾机器人、早教机器人等）等同于人工智能体，而不能接受非人型机器人也成为人工智能体的现实，然而，人工智能应用领域的广泛性也直接关系到对人工智能的理解和认识。

"人类智能将最接近自身的人工智能这一'类存在物'创造出来，便注定将人类的根本前途和命运推入一个新的充满变革、挑战和不确定性的存在论场域当中。"② 人类对这样一种发明创造，本身就是具有极大的风险和调整，这样的风险和挑战同样是与人类的发展诉求紧密相关的。人类在寻求更多时间和空间进程中创造出来了可以帮助人类认识世界和改造世界的工具——人工智能。这样的工具能够极大改变人的生产方式和生活方式，能够将人从繁重的劳动中解放出来。这正是人工智能得以被创造出来的最初的动力。人工智能出现之前的人类发明的工具都是人的某方面能力的有效延展，例如，汽车、火车、飞机的发明创造解放了人类的双脚的生物性移动的限定，并能够给以百倍千倍的速度来实现对速度的追寻；又如望远镜、显微镜的发明创造解放了人的眼睛视觉界限。

人工智能的广泛运用也直接影响到人作为主体存在的价值标准，在这样一个创造出来的无机世界中的智能存在如何与作为"主体"的人进行相处，这已经成为被广泛讨论的问题。"到了 19 世纪前后，非人类中心主义就得到了快速的发展，拉·美特里（JOD La Mettrie）就提出了'人是机器'的著名论断。后来随着全球性的环境与生态问题的爆发，它又获得了广泛

---

① 王天恩：《人工智能和关系存在论》，《江汉论坛》2020 年第 9 期。
② 蒋红群、谭培文：《人工智能之于人的存在论变革及反思》，《学术论坛》2019 年第 3 期。

的关注。"① 著名技术哲学家西蒙栋（Gilbert Simon-don）对技术做了思考，他认为技术的系统化使得人类被去中心，只有当人以操作者和操作对象的双重角色介入技术活动时，才会越过被去中心从而不被异化的界限②。德国思想家恩斯特·卡西尔（Enst Casser）曾对人类中心主义做过猛烈的批判，他认为："人总是倾向于把他生活的小圈子看成是世界的中心，并且把他的特殊的个人生活作为宇宙的标准。但是人必须放弃这种虚幻的托词，放弃这种小心眼儿的、乡巴佬式的思考方式和判断方式。"③ 凡此种种的众多讨论，往往使人的主体地位在式微的现实面前越来越无存在感。人工智能的发明与创造似乎就成了取代人类智能的潜在主体，这与人工智能发展的初衷大相径庭。"人工智能时代研究者的主体性不是退却的，而是借助技术更好地发挥研究者的主体性。技术对人的增强并不应挤压'人'的空间：'人'不应排斥技术，技术同样不能排斥人。"④

人工智能存在论的意义就在于人工智能是人的发明创造的工具，能够为人类服务的工具属性不能更改。如果人工智能在未来能取代人类智能，那这里的发明就是"工具的异化"，工具不能被人所使用，反而成了束缚人类发展的禁锢和锁链，人的主体意识被数字化定义和消散，个体自由被拆解并抛进一个符号化和智能化系统控制的管理世界之中。人类越来越受控于机器，同时，人类越来越失去对机器"主体意识"的控制⑤。因此，"机器就是工具，人工智能也是机器，人工智能也是工具"，这样的逻辑结构是人工智能存在的最为基础的内容。

二 人工智能的认识论

人工智能认识论是当代人工智能迅猛发展进程中需要解决的最为紧要的

---

① 董春雨、薛永红：《机器认识论何以可能》，《自然辩证法研究》2019 年第 8 期。
② Simondon G, The Limits of Human Progress: A Critical Study, *Cultural Politics: An International Journal*, 2010, 6 (2).
③ 〔德〕卡西尔：《人论》，甘阳译，上海译文出版社，1985，第 20 页。
④ 田芬：《从"数据崇拜"到"数据正义"：人工智能时代高等教育研究范式的旨趣转换》，《清华大学教育研究》2021 年第 1 期。
⑤ 余乃忠：《大数据时代的认识论重塑》，《江海学刊》2019 年第 5 期。

任务。认识论存在于人类哲学智慧非常漫长的历史阶段,人工智能却是新近才涌现的技术形式,从这一角度出发去认识和理解人工智能会更简单。人工智能促进认识论的发展,认识论是人工智能发展的哲学基石。"认识论与人工智能存在的根基性的关系,使得人工智能在今天,理所当然会使认识论的地位得到极大提升。哲学的重心曾经历了从古代本体论到近代认识论再到现代人本学的转变,而今人工智能某种意义上又使认识论重回哲学的中心,使其得到关注的程度与日俱增,这可以说是人工智能最重要的认识论效应之一。"① 所以说,人工智能认识论是当代社会建设和发展解决的最为迫切关系问题。

认识论的发展是人类哲学智慧发展的延伸,人工智能的发展同样也是人类科学智慧发展的延伸。认识论与人工智能似乎与哲学与科学的关系一样重要和扑朔迷离。人工智能从认识论分化出来与科学从哲学分化出来的路径完全相同。"从根基的意义上说,人工智能起源于认识论。人工智能产生的年代,正是认识论发展到理性主义占支配地位的阶段,当一些认识论哲学家(如罗素、弗雷格等)完成了数理逻辑这一理性认识的数学和逻辑工具后,人们追求一种精确化、普遍性的知识形式就必然成为一种认识论主题;而当计算机问世后,将这样的知识形式化进而通过计算机加以模拟的人工智能路径就成为必然,这也正是符号主义人工智能发端时,许多创始人受到分析哲学和逻辑实证主义直接启发而走上 AI 研发之路的情形。"②

认识论作为坚持主体性为基本特征的关于世界的认知结构,所以认识论必须具有主体性。人工智能的主体是"人"还是"物",这成了一个现实需要解决的问题。这个"物"是否具有智能、是否具有智慧、是否具有超越人的能力成为人类认识人工智能的关键问题。"传统的认识论都可以看成是以人类为中心的认识论,因为在传统认识论中,包含这三种预设:(1)默认人类为认识活动的唯一主体;(2)以人类个体或集体的感官或心智作为认识的终极标准;(3)对感觉信号的分析、判读或者理解,要由人类心智来完成。"③ 当人类认识论陷入传统认识论的窠臼时,很难真正理解人工智能发

---

① 肖峰:《人工智能的认识论效应》,《大连理工大学学报(社会科学版)》2021 年第 3 期。
② 肖峰:《人工智能的认识论效应》,《大连理工大学学报(社会科学版)》2021 年第 3 期。
③ 苏湛:《汉弗莱斯对传统认识论的批判与非人类中心主义认识论》,《自然辩证法研究》2018 年第 10 期。

展的未来。因此，必须将人类认识世界的路径进行重新设计，只有这样才能真正实现对人工智能发展的正确理解。"从人类发展史来看，人类有两类基本的活动：一是探索自然存在的既存事物；二是创造自然存在的世界从来没有过的全新事物。这两种不同的活动意味着两种不同的认识：对既存事物或世界存在规律的认识和对创造新事物及其规律的认识。"① 人工智能作为全新事物，必须运用全新的认识来理解人工智能的发展。

人工智能产生以来，认识论也相应地发生了深刻的变化。从不同的角度对人工智能认识论做出全面分析和理解是认识论推动人工智能发展的重要环节。"从分类学的观点来看，人工智能的认识论问题大致可以划分为两个层面：一是人工智能本身的认识论问题；二是由人工智能引发的认识论问题。前者决定了人工智能研究者选择哪条进路来实现人工智能，后者则揭示了生活在网络化、信息化、数字化和智能化时代的我们需要关注的新的认识论问题。"② 人工智能自身认识论与人工智能存在论是一致的，这是同一个问题的两个方面；人工智能引发的认识论问题也成为新认识论问题的起点。对人工智能这一技术从思想上进行统一认识，才能实现跨越发展。

人工智能与大数据紧密相关，人工智能作为人类发明的技术通过大数据的传输和运用，人类对世界的认识也出现了革命性的变革。大数据时代往往与人工智能时代紧密相关，人工智能的发展与人类运用网络的程度息息相关。大数据时代是人工智能时代最显著的特征，在这个时代，大数据已经成为描述、计量及发展的决定性工具，世界万物都可以通过计算获得相应的数据，极大丰富的数据资源已经成为描绘现实世界图景的镜像，大数据与人工智能的发展已经决定着社会发展的未来方向。

人工智能将复制人类大脑成了可能，虽然人类大脑是生物有机体经过漫长的进化而获得的，而人工智能是通过无机体的"算法与运行"得以实现的。虽然两者有着截然不同的构成路径，但是两者所能够实现的目标却惊人地相似。我们"若想复制人类思维过程，必须先拷贝人的大脑，让这

---

① 王天恩：《大数据和创构认识论》，《上海大学学报（社会科学版）》2021年第1期。
② 成素梅：《人工智能的几个认识论问题》，《思想理论教育》2019年第4期。

样的机器脑能够像人类一样思维"①,通过人工智能确实实现了这种"拷贝"。"我们对自然界的整个支配作用,就在于我们比其他一切生物强,能够认识和正确运用自然规律。"② 人类除了能够认识自然界之外,还在创构新的物理世界。这种新的物理世界也存在局限性。"(一)能行动却不能自知的人工智能;(二)能存储却不能记忆的人工智能;(三)能感知却不能理解的人工智能;(四)能创新却不能创造的人工智能。"③ 诸如此类的研究局限性不胜枚举,这也是人类智能与人工智能最大的区别。

我们对客观世界的认识必须"始终站在现实历史的基础上,不是从观念出发来解释实践,而是从物质实践出发来解释观念的形成"④,坚持"实践—认识—再实践—再认识"的认识与实践的过程是真正实现对人工智能理解的基础。"图灵使我们认识到,人类在逻辑推理、信息处理和智能行为领域的主导地位已不复存在,人类不再是信息圈毋庸置疑的主宰,数字设备代替了人类执行了越来越多的原本需要人的思想来解决的任务,而这使得人类被迫一再地抛弃一个又一个人类自认为独一无二的地位。"⑤ 在这样的认识基础上,人工智能的发展已经成为一个人类必须面临的发展难题。人类在人工智能面前还能做什么,成为不断拷问自我的哲学问题。

三 从存在论到认识论的飞跃

图灵(A. Turing)的一句"机器能思考吗"问出了对未来人工智能的哲学思考。人工智能不仅仅是人类制造的工具,而且成了人与物进行交流沟通的重要的载体。我们坚持的"人类为中心观念"已经成为历史产物,美国科学哲学家汉弗莱斯也据此断言:"一个完全以人类为中心的认识论已

---

① 〔美〕约翰·卡斯蒂:《剑桥五重奏——机器能思考吗》,胡运发、周水庚、杨茂江译,上海科学出版社,2006,第124页。
② 恩格斯:《自然辩证法》,人民出版社,2018,第314页。
③ 黄毓森:《人工智能的认识论批判》,《广东社会科学》2018年第5期。
④ 马克思、恩格斯:《马克思恩格斯选集》第1卷,人民出版社,1995,第92页。
⑤ 〔意〕弗洛里迪:《第四次革命:人工智能如何重塑人类现实》,王文革译,浙江人民出版社,2018,第107页。

经再也不合时宜了"①。关于人工智能的认识也不能仅仅停留在存在论的层面，需要结合人工智能的最新发展而在认识论的层面上更进一步地提升和飞跃。

人工智能认识论与科学技术的迅速发展紧密相关，科学技术的发展促进人工智能技术迭代发展。人类通过人工智能技术已经成了可以创构"新世界"的更高层级的生物体，这样的"新世界"不同于有机生物界，而是由无机物所构成的，并且这种无机物所构成的人工智能体能够通过传导人类智慧的实现与人类的"对话"，甚至影响人类对世界的认识和理解。"大数据和人工智能的发展，使人类活动回归认识和实践一体化。从上帝之眼到上帝之手，人类的伦理地位根本改变。"② 人工智能是人类实践的结果，这样的实践过程能够推动人类自身智慧发生新的变化。"实践是一种感性的现实的人类活动，是人与外部世界进行物质、能量和信心交换的最基本方式。实践又是有意识地、有目的地进行的，是人的理智、情感、意志等内在本质力量的对象性表现，也是人的自觉性和自由精神运动的最现实表现。"③ 人类创构的这样人工智能"新世界"，是人类实践基础上的自觉行动，同时也是需要整体认识和把握的行为。

认识论的飞跃是在人工智能技术飞跃的基础之上才能出现的，认识论的发展也促成了人类从更高层面来认识和理解人类智能与人工智能的关系问题。认识论的发展需要从人工智能的发展进步中获得更多的滋养，人工智能就像人类智慧自身一面镜子，可以展现出人类智慧发展的轨迹，从这样的逻辑进行推演，可以获得人类智慧形成的过程。在此基础上，可以更好地认识人工智能这一人类智慧载体的运作。"从特定方面获得关于智能本质的新进展，从而拓展和深化认识论的当代研究。认识论研究如果疏离人工智能，就不能与智能时代日新月异的步伐同步。"④

从更高层次来整体认识人工智能的存在已经成为关涉"人与人工智能体关系"的亟须解决的问题。"造世哲学"是解开人工智能发展的一把钥

---

① Paul Humphreys, The Philosophical Novelty of Computer Simulation Methods, *Synthese*, 2009, 169 (3).
② 王天恩：《大数据、人工智能和造世伦理》，《哲学分析》2019 年第 5 期。
③ 欧阳康：《马克思主义认识论研究》，北京师范大学出版社，2018，第 5 页。
④ 肖峰：《人工智能的认识论效应》，《大连理工大学学报（社会科学版）》2021 年第 3 期。

匙，不能仅仅从与人类生活的层面来分析人工智能产生和存在的问题，需要向上跃迁一个层次来实现对人工智能的新认识。"在造世哲学中，我们不仅可以看到空前丰富的内容，更可以看到全然不同的机制：创构过程本身生动地表明，存在论或本体论层次可以有次生世界存在论和原生世界本体论的关联；知识论或认识论层次可以有创构认识论和描述认识论两种认识论旨趣的整合；价值论层次可以看到创构和造世的价值维度；逻辑学层次也可以看到创构的逻辑以及次生世界的逻辑结构等；美学层次可以看到创构美学和造世美学；伦理学层次更是如此，可以有创构伦理和造世伦理等。"① 对于"造世学说"的认识是人工智能认识论的一个飞跃，摆脱了原有的思想束缚，真正实现了从一个低层级认识跃迁到一个高层级的认识环节。

人工智能赋予机器的能量已经彻底改变了人类对"人-机"关系问题的看法："随着机器在认识中的地位和作用发生本质改变，人类对人、机器和'人-机'及其相互关系都有了全新的认识。传统的认识论是以人为绝对的认识主体，属于人类中心主义；而以机器、'人-机'系统为认识主体的均属于非人类中心的认识论的形式。"② 从更高层级来反观人工智能的发展，已经摆脱了"人类/非人类中心论"的观点，从更高层级来看待这样的关系已经超越了人类思维所固有的认识论模式。

人类的认识过程本身就是一个不断探究和试错的过程，这样的探究和试错是建立在人类认识世界存在局限性的基础上的。人工智能的发展已经在某些方面远远超过人类认识的范围，现有的技术条件下人类无法直接登陆火星进行探测，但是在科学技术的推动下，人工智能技术的广泛应用中，人工智能体可以代替人类到达火星并进行探测和研究。人工智能体能够代替人类做人类无法完成的工作，对于这样的现象如何进行认识，就需要人类有更大的勇气和更深的思考。对于这样的认识，需要跳出现有的认识局限性来进行认识。"在人们对客观事物的认识过程中，有两个方向相反的运动：从经验事实得出抽象理论；又从抽象理论解释经验事实。前者是一般地

---

① 王天恩：《信息文明时代的造世哲学》，《河海大学学报（哲学社会科学版）》2020年第4期。
② 董春雨、薛永红：《机器认识论何以可能》，《自然辩证法研究》2019年第8期。

从观察到的具体经验事实，经思维加工得出结论；后者则是用已有的理论或观点解释所观察到的事实。在认识过程中，只有形成一定的理论或观点，才能使认识具有理解客观现象所必需的方向性。"① 人工智能是人类发明创造的客观存在物，也需要从人类的经验和理论两个方向来进行思索。

  人工智能一定会随着人类科学技术的进步而不断向前发展，我们对人工智能技术的认识也会直接影响到人工智能未来发展的方向。只有跳出现有的认识论框架来认识人工智能才能真正促进人工智能的跃迁式发展，才能更好地与人类的发展相融合。"我们将智能或认知的本质在认识论上理解为什么，就会在技术上去追求将人工智能做成什么；而我们实现了什么样的人工智能，则印证了我们对认知本质的相关理解之合理性，所以在一定意义上我们甚至可以说：人工智能就是认识论。"② 我们对人工智能的认识是不断发展的过程，通过从更高层级来审视人类智能与人工智能的关系，实现人工智能的认识论飞跃，是创构人类智慧新载体的思想基础，也为人工智能的发展指明方向。

【执行编辑：赵 柯】

---

① 王天恩：《理性之翼——人类认识的哲学方式》，人民出版社，2002，第 227 页。
② 肖峰：《人工智能与认识论的哲学互释：从认知分型到演进逻辑》，《中国社会科学》2020 年第 6 期。

社会主义核心价值观研究

Research on Socialist Core Values

社会主义核心价值观的基本内容和逻辑关联[*]

孙伟平　刘宇飞[**]

【摘　要】 社会主义核心价值观包括国家、社会、公民三个层面，系统回答了"我们要建设什么样的国家、建设什么样的社会、培育什么样的公民"这一重大问题。富强、民主、文明、和谐是中国特色社会主义的总体奋斗目标，是中华民族伟大复兴中国梦的具体内容。自由、平等、公正、法治既是社会层面提出的价值要求，也是对美好社会的生动表述。爱国、敬业、诚信、友善是当代公民的基本价值追求，是应当遵循的根本道德准则。社会主义核心价值观的三个层面兼顾了国家、社会、个人三者的价值愿望和追求，实现了政治理想、社会导向、行为准则的统一，实现了国家、集体、个人在价值目标上的统一。三者相互区别、各有侧重、各具特色，但又相互联系、相互贯通、相辅相成，是一个辩证统一的有机整体。

【关键词】 社会主义核心价值观；三个层面；基本内容；逻辑关联

---

[*] 本文系国家社会科学基金项目高校思政课研究专项"社会主义核心价值观融入大中小学思政课一体化研究"（19VSZ046）的阶段性成果。
[**] 孙伟平，上海大学伟长学者特聘教授，主要研究方向为价值论、智能哲学。刘宇飞，上海大学哲学系硕士研究生，主要研究方向为价值哲学。

核心价值观是一个民族和国家精神文化的核心和灵魂，是其得以存在和发展的精神根基和枢纽。社会主义核心价值观包括国家、社会、公民三个层面，系统回答了"我们要建设什么样的国家、建设什么样的社会、培育什么样的公民"这一重大问题。社会主义核心价值观的提出是中国特色社会主义文化发展史的历史性事件，它标志着中国特色社会主义文化的文化觉醒和文化自觉。

一 国家层面的社会主义核心价值观

在国家层面，社会主义核心价值观主要体现国家的性质、理想、价值信念和具体的发展目标，回答了我们要"建设一个什么样的国家"的问题。一个国家的强盛不仅体现在物质文明方面，还体现在精神文明方面。构建国家层面的核心价值观是一个国家文化自信和成熟的表现。富强、民主、文明、和谐是中华民族伟大复兴中国梦的现实要求，是对近代中国所遭受屈辱进行的铿锵历史回答，是建设社会主义现代化强国的奋斗目标。它符合中华民族和中国最广大人民的根本利益，承载着亿万中华儿女的期盼和希望。总之，国家层面的社会主义核心价值观具有十分丰富的内涵，体现了国家的价值定位和历史使命。

（一）富强：比资本主义更快更好地发展社会生产力

"富强"作为社会主义核心价值观，延续着近代中国"自强求富"的希冀。近代中国的历史，是一部国家的屈辱史、人民的辛酸史、民族的血泪史。在被西方列强反复地侵略、掠夺、奴役的不堪历史中，中国人民深深地将"落后就要挨打"的道理铭记在了骨子里，对"富强"的渴求深植每一个中国人的内心。中国共产党作为广大中国人民的主心骨，深刻地理解这一道理。在新中国早期的经济发展、改革开放以及今天中国经济的腾飞中都可以看到这一点。"富强"成为社会主义核心价值观的第一个要求被提出来，与中国人民长期历史发展中积淀的民族感情息息相通，也与中国人民的前途和命运、中国特色社会主义的前途和命运紧密相连。

"富强"包含着丰富的内涵，它并不是简单地指"富裕"和"强大"。

当然,"富"是相对于"贫穷"而言的,但它并不仅仅指各种经济数据高,而且包含着经济良好向上发展、人民共同富裕等现实要求。"强"是相对于"弱"而言的,但它也并不仅仅指"强大"。"强大"通常来说总是需要"弱小"的衬托来体现自身,这难免会令人联想由"强"到"霸",甚至恃强凌弱。这绝不是社会主义核心价值观中"富强"所包含的内容。

社会主义核心价值观所追求的"强"是一种健康的、充满活力的"强",是一种有生命力的"强",是一种与自身相比较不断超越过去的"强",所以将其理解为"强健""自强"更为合适。这就好似源远流长、博大精深的中国武术。武术讲求内外双修,能防身,但更多的是追求强身健体,追求自我的提升。马克思提出了经济基础决定上层建筑的理论,指出一个社会的全面发展必须以坚实的经济发展为基础,那么,健康(人民健康、国家强健)就具有了基础性的价值。"仓廪实而知礼仪,衣食足而知荣辱"①。"国富兵强,则诸侯服其政,邻敌畏其威,虽不用宝币事诸侯,诸侯不敢犯也"②。实践证明,在追逐远大目标的同时,必须要兼顾经济社会健康、良好的发展,关注人民群众的丰衣足食和幸福生活。一切的展望,如果背离了"富强",都可能只是海市蜃楼。

"贫穷不是社会主义","发展太慢不是社会主义","两极分化也不是社会主义"……我们对社会主义本质的认识正在不断深化。邓小平指出:社会主义的本质是"解放生产力,发展生产力,消灭剥削,消除两极分化,最终达到共同富裕"③。新中国吃过贫穷落后的苦,但绝不愿意再吃"二遍苦"。人民"富"、国家"强"始终是人民的盼望和新中国的追求。社会主义的优越性之一,就是能更有效率地调动社会资源来组织经济社会的发展。这绝不是理论上的自吹自捧,想要证明这一点,我们就必须做到比资本主义能更加快速地发展社会生产力,维护经济的平稳持续发展,保持社会的和谐稳定。在这一基础上,还必须满足新时代人民群众对"公平正义"的需求,做到更合理地"分配蛋糕",让全体人民共享改革发展的成果,使得每一个社会主义的建设者获得充实的参与感和获得感。只有做到这一点,

---

① 《管子·牧民》。
② 《管子·形势解》。
③ 邓小平:《邓小平文选》第 3 卷,人民出版社,1993,第 373 页。

才能真正彰显社会主义的本质，体现社会主义的优越性，展现社会主义的强大生命力。

（二）民主：全体人民当家作主

"民主"是人类文明长期发展的必由之路，是中国近代以来思想解放的关键词。民主不是西方资本主义国家的专有名词，全体人民当家作主的社会主义社会更加强调民主，也更能体现民主的真实含义。在社会主义新中国，民主贯彻于中国特色社会主义政治发展道路是其显著特征。党的十八大以来，习近平总书记着眼于在新的历史起点上推进中国特色社会主义事业，深刻把握"没有民主就没有社会主义，就没有社会主义的现代化，就没有中华民族伟大复兴"① 这一重大论断，突出强调了"人民当家作主是社会主义民主政治的本质特征"②，这为新时代中国特色社会主义政治发展道路提出了根本遵循。

若要明确认识作为社会主义核心价值观的"民主"，必须同中国古代的"民主"、西方资本主义的民主相区分。马克思、恩格斯明确指出："过去的一切运动都是少数人的或者为少数人谋利益的运动。无产阶级的运动是绝大多数人的、为绝大多数人谋利益的独立的运动。"③ 同样，社会主义核心价值观中的"民主"也不是少数人的民主，而是人类历史上从未有过的"全体人民自己当家作主"。与中国传统的"民主"观念不同，它不是属于少数"统治者"的民主，而是体现绝大多数人民群众的意志、反映人民群众利益的民主。这种民主不是几个王侯将相关起门来的民主，而是在广大人民群众内部的一种平等的、公平的选择、决策、治理方式。它不是为了维护少数统治者的统治，而是旨在提升广大人民群众的政治素养，启蒙广大人民群众的民主意识，从而建立和完善国家的民主制度，真正实现"广大人民当家作主"。

西方资本主义民主的确有悠久的历史，但这能说明西方资本主义民主

---

① 习近平：《在庆祝全国人民代表大会成立六十周年大会上的讲话》，新华网，2014 年 9 月 5 日。
② 习近平：《在庆祝全国人民代表大会成立六十周年大会上的讲话》，新华网，2014 年 9 月 5 日。
③ 马克思、恩格斯：《马克思恩格斯选集》第 1 卷，人民出版社，1995，第 283 页。

优越于社会主义民主吗？这就能代表着西方资本主义民主有资格批评社会主义民主吗？我们需要明确，评价一种民主制度的标准，绝不是时间的尺度。西方资本主义国家的民主对象并不是广大劳动人民，而是少数的资本家。这是少数有钱人的民主，这种民主被金钱所腐蚀，被资本所操纵。西方资本主义国家的劳动群众接受的所谓"民主"的结果，实际上只是"金钱独裁"的产物。这就是西方资本主义民主的残酷真相，而就是这样一种民主，却被某些资本主义国家当作普遍适用的价值妄图强加于全世界。而人类社会民主的发展历程表明，民主是具体的、历史的、变化的，从来不存在抽象的、超阶级的、超历史的民主。任何一个民族和国家的价值观必须深深扎根于本国发展的实际，承接自身的历史传统，考虑人民群众的需求和意愿，不存在没有根基的理念，更不存在放之四海而皆准的"民主"。"什么是中国人民今天所需要的民主呢？中国人民今天所需要的民主，只能是社会主义民主或称人民民主，而不是资产阶级的个人主义的民主。"①

社会主义民主相对于西方资本主义民主而言，虽然历史较短，且存在着各种各样的问题，但中国社会主义民主根植于中国本国国情，它以生产资料公有制为基础，这就决定了中国特色社会主义民主必然以实现全体人民当家作主为奋斗目标和价值追求，这也令社会主义民主避免成为"资本的附庸"。这是一种实质性的民主，是绝大多数人的民主，是"全体人民当家作主"的民主。在这种民主的内涵中，国家的一切权力属于人民。这种内容上真实、形式上不断完善、质量上不断提高的民主，是最广大人民群众共建、共享的民主。在这样一个完全属于人民的国家当中，工人阶级和广大劳动人民在共产党领导下掌握着国家政权并享有最广泛、最真实的民主权利。

（三）文明：人类历史发展的文化成果总和

"文明"标志着一个国家的发展和社会的进步程度，是人类历史发展的文化成果总和。同样，社会主义核心价值观所指的"文明"也集中体现了社会主义先进文化的前进方向，体现了社会主义精神文明的价值追求。习近平总书记指出："没有文明的继承和发展，没有文化的弘扬和繁荣，就没

---

① 邓小平：《邓小平文选》第 2 卷，人民出版社，1994，第 175 页。

有中华民族伟大复兴的中国梦的实现。"① 在中国经济社会的腾飞过程中和谋求中华民族伟大复兴的征途上,"文明"的要求早已嵌入其中。无论是物质、精神领域,还是政治、社会、生态等各个领域,文明的理念无处不在,并且作为一种目标引导着不同领域的发展。

"文明"的内涵极为丰富。从宏观的角度看,它是从文化层面对国家价值目标的规定,它具有人类文明所蕴含的一般性内容,是人类认识世界、改造世界的进步状态。社会主义核心价值观所提倡的"文明"具有社会主义本质所赋予的特质,受到社会主义发展历史进程的滋养。社会主义的"文明"建立在马克思主义基本理论之上,它力求消灭剥削、消灭压迫、消除两极分化,以实现人的自由全面发展和"自由人的联合体"为指向,因而是人与社会全面发展的新型文明。这种文明是对以往所有文明的超越,是一种前所未有的且有着光明前景的先进文明形态。

从外延来看,"文明"囊括物质文明、精神文明、政治文明、社会文明和生态文明五个方面。物质文明表现为社会财富的极大丰富,这要求经济社会健康持续发展,综合国力不断提升,并且能够更加公平地使全体劳动人民共享改革和发展的成果。精神文明表现为能够不断满足人民日益增长的文化需求,提高国家软实力,促进文化产业的稳步、持续发展,从而达到文化自信。政治文明表现为人民参与政治活动的热情和政治素养不断提高,国家治理水平不断改善,治理能力不断增强,权力制约和监督机制不断建立健全,法律体系日趋完备,行政立法、执法水平和公正司法水平不断提高。社会文明表征为社会稳定、和谐、健康发展,公民素质不断提高,各项社会事业具体而深入地推进。生态文明表征为以人为中心的"可持续发展"理念在不断地被践行,"绿水青山就是金山银山"的新发展理念贯彻于发展全过程。

（四）和谐：根本利益一致基础上的协调关系

"和谐"是人类社会得以存在和发展的基础。如果人类停留于"一切人反对一切人"的"丛林状态",就谈不上任何进步。所以,"和谐"是贯穿

---

① 习近平:《习近平总书记系列重要讲话读本》,学习出版社、人民出版社,2016,第186页。

人类发展史的重要价值取向。如黑格尔认为和谐是事物本质中差异面的统一。中国传统哲学从总体至上的观念出发，认为和谐是适中、适度（孔子），是阴阳二气的统一（老子），是善与美的最高境界（董仲舒），等等。

"和谐"是对象之间的一种适度关系，它主要包括四个方面的内容：一是人与自身的和谐，这体现为身心健康；二是人与人实践的和谐，即社会和谐；三是国家间或民族间的和谐，表现为世界和平；四是人与自然的和谐，表现为人与自然和谐共生。

中华传统文化以"和"为贵，中国哲学讲究"天人合一"。老子说，"人法地，地法天，天法道，道法自然"；孟子讲，"天地与我并生，而万物与我为一"。中国传统政治多以"天下大同"为价值目标。如《尚书·舜典》中说："八音克谐，无相伦也，神人以和"；《左传·襄公十一年》中说："如乐之和，无所不谐"，"天时不如地利，地利不如人和"。在日常生活中，百姓常讲"家和万事兴"，"和气生财"更是商人们的口头禅。总之，以和为贵是中国传承了几千年的为人处世原则。这正如习近平总书记指出的："关于中和、泰和、求同存异、和而不同、和谐相处的思想……可以为人们认识和改造世界提供有益启迪，可以为治国理政提供有益启示，也可以为道德建设提供有益启发。"①

值得注意的是，中国文化传统虽然重"和"，但在历史上，传统的和谐思想受封建专制制度的限制，具有一定的局限性。封建社会中"天人合一"的哲学主张，被统治者歪曲为帝王与"天"的"合一"，从而成了获取政治合法性的手段。封建社会"和谐"的实现依附于压抑人性的纲常礼教，通过"存天理，灭人欲"来达到社会秩序的稳定，这种"和谐"不过是封建专制统治集团维护自身的手段。这与社会主义核心价值观中的"和谐"有着本质的区别。

"和谐"并非中国独有的价值追求，西方资本主义国家同样向往"和谐"。但他们的社会建立在生产资料私人占有的基础之上，这注定被"资本的逻辑"所支配，永远挣扎于逐利的泥淖当中，难以实现真正的和谐。即便资本主义已经发展几百年的时间，物质产品已经十分丰富，文化产业亦

---

① 习近平：《在纪念孔子诞辰2 565周年国际学术研讨会暨国际儒学联合会第五届会员大会开幕会上的讲话》，人民出版社，2014，第7页。

相当发达，但对利润的无限制追逐使得社会财富的分配极不均衡，资本家们在特殊时期宁愿将牛奶倒进河里，也不愿意将其捐助给有需要的人。由于需要稳定商品的价格，大量的过剩产品被浪费。这种不"和谐"的情况通过经济领域蔓延到政治、文化和环境等其他领域。一些西方资本主义国家通过优化基本的福利政策来维护社会的和谐，但这种做法的实质无异于"饮鸩止渴"。虽然它暂时缓和了社会矛盾，使得社会貌似表现出一派"和谐"景象，但它加重了财政负担，为国家的未来埋下了隐患。因此，在资本主义制度下无法实现真正的"和谐"，只有迈入社会主义社会，实现了公有制，才能在全体人民根本利益一致的基础上有效解决各种"矛盾"，实现人与自身、人与人、人与自然乃至国家与国家之间的"和谐"。马克思曾经构想，共产主义社会必定是一个和谐社会——"这种共产主义……是人和自然界之间、人和人之间的矛盾的真正解决，是存在和本质、对象化和自我确证、自由和必然、个体和类之间的斗争的真正解决"①。只有在消灭了私有制、没有压迫和剥削的共产主义社会，人的发展不再以压迫和剥削他人为条件，才能真正实现人的自主自立、自由全面的发展。

二 社会层面的社会主义核心价值观

社会层面的核心价值观体现了人民对于社会生活的美好期望，回答了人民希望"生活在一个什么样的社会"的问题。自由、平等、公正、法治既描绘了理想社会的基本特征，也渗透着一个社会评价是非善恶的尺度。中国特色社会主义的自由观、平等观、公正思想、法治思想都建立在马克思主义理论的基础之上，又吸收了中华传统文化的合理内容，借鉴了国外优秀文化的精华，是人类文明发展的重要成果。它实现了对资本主义自由、平等、公正、法治的超越，是维系社会主义社会团结的精神纽带，是建设社会主义现代化社会的精神旗帜。

（一）自由：马克思主义的终极价值追求

自由是社会主义的价值本质和价值目标。社会主义核心价值观所提倡

---

① 马克思、恩格斯：《马克思恩格斯文集》第 1 卷，人民出版社，2009，第 185 页。

的自由坚定地站在马克思主义的立场,将马克思主义理论与中国特色社会主义实践相结合,从而形成了一种崭新的自由观。

第一,社会主义核心价值观所提倡的自由是内在自由和外在自由的统一。所谓内在自由通常是指人的精神自由,而外在自由通常指每个人都有追求自由的权利。当然,这种权利行使的前提是不侵害他人的权利,或者说是不违反法律与道德基础上的权利。马克思主义理论体系中的自由是内在自由和外在自由相统一的自由,是"每个人的自由发展是一切人自由发展的条件"①的自由,而不是资本主义那种"自由地一无所有",或者"只有出卖自己劳动力的自由"。

第二,作为社会主义核心价值观的自由是形式自由和实质自由的统一。形式自由指的是过程和手段的自由,而实质自由关注的是自由的内涵和结果。真正的自由是两者的统一:"自由绝不仅仅意味着每个人享有某些抽象的自由权利,而且还意味着个人有能力、有资源享受这种权利。"②

第三,作为社会主义核心价值观的自由是个人自由和社会自由的统一。马克思、恩格斯曾这样表达对未来社会的期许,"代替那存在着阶级和阶级对立的资产阶级旧社会的,将是这样一个联合体,在那里,每个人的自由发展是一切人的自由发展的条件"③。社会主义的自由观,将每个人的"自由全面的发展"看作是建立"自由王国"的内涵,也就是说两者如同一个硬币的两面。"自由王国"的建立必须以每个人的自由为前提,当每个人都现实了自由,那么"自由王国"的建立也就顺理成章,此两者统一于社会主义发展的过程当中。值得注意的是,个人自由与集体自由是一种有机统一关系。社会主义虽然讲"集体主义",但并不意味着个体在其中受到集体的压迫而被迫牺牲个人自由。

让中华民族、中国人民实现"真正的"自由,是中国共产党坚定的信念,这种信念贯穿于中国人民的解放事业和社会主义建设实践之中。无论是新民主主义革命时期、解放战争时期还是社会主义建设时期,中国共产党始终致力于消灭剥削、消灭压迫,实现全体人民的自由。但是,中国是

---

① 马克思、恩格斯:《马克思恩格斯文集》第2卷,人民出版社,2009,第53页。
② 李强:《自由主义》,吉林出版集团有限责任公司,2007,第172页。
③ 马克思、恩格斯:《马克思恩格斯文集》第2卷,人民出版社,2009,第53页。

一个历史悠久的国家，各种封建思想残余根深蒂固；同时，中国又是一个人口众多的国家，她没有经历过早期工业时代的原始积累，人均资源较为匮乏；中国还是一个被资本主义国家包围的社会主义国家，她时刻暴露于资本主义阵营的技术封锁和文化渗透的窘境当中。总之，新中国面临着错综复杂的国内外环境，且正处于并将长期处于社会主义初级阶段，这决定了实现真正的"自由全面发展"必将是一个长期、艰巨的历史任务。

（二）平等：人类社会孜孜追求的理想状态

"平等"通常是指人们在社会生活的诸多方面具有相等的身份、地位、人格和尊严，拥有相等的权利，承担相应的责任和义务，享有相等的机会和资源。

作为社会主义核心价值观之一的平等，是建设中国特色社会主义过程中的重要价值目标和价值取向：平等地发挥人的主体作用，平等地释放人的智慧才能，平等地维护人的合法权益，让全体人民平等地参与建设，平等地共享改革、发展的成果，给广大人民带来更多的机会、利益和权利。平等蕴含着社会主义发展的内在要求。平等贯穿于社会的多个维度，是保障全体人民的利益、实现人民民主、依法治国的基本前提。

平等首先是经济领域的活动准则。新中国在"三大改造"之后，实现了生产资料公有制，并在此基础上建立了以生产资料公有制为主体的新型社会主义生产关系。至此，广大劳动群众成了生产资料的主人，真正实现了在经济活动中享有平等的权利、机会和地位。改革开放后，市场经济进入中国，与此同时"逐利的逻辑"也不可避免地掺杂于其中。社会主义市场经济建设使得中国发生了奇迹般的经济飞跃，物质财富极大增加，人民生活水平迅速提高。但与此同时，贫富差距过大、城乡差别逐渐拉大等问题也随之出现。所以，在当今着重强调平等显得尤为重要。

平等是完善社会主义市场经济体制、实现经济健康发展、构建社会主义和谐社会的动力源泉。秉着平等原则进行全面深化改革，不仅应该把"蛋糕做大"，而且更应该破除"不患寡，而患不均"的传统观念，把"蛋糕分好"。在新时代，必须通过完善社会主义市场经济的分配机制，简政放权，努力营造公平的社会环境，让广大人民平等地占有生产资料，平等地参与劳动，平等地享受劳动成果。必须突破"效率优先"还是"公平优先"的逻辑怪圈，坚持两者并进，从而激发广大劳动群众的主观能动性，让一切创造财富的源泉充分涌流，为经济发展与和谐社会建设注入不竭动力。

平等是文化民生建设、文化交流的核心要素。随着中国经济发展水平的不断提高，人民对文化的需求显著提升。对文化的满足程度，成了评价民生水平的一个重要方面。文化生活的有序开展，离不开"平等"作为其铺垫。文化生活中的主体都应坚持平等原则，在交流过程中"求同存异"、相互借鉴、相互启迪、互相促进，只有如此才能实现费孝通先生所谓的"各美其美，美人之美，美美与共，天下大同"①。文化建设的参与主体应该是多元的，每个人都有表达自身想法和创意、参与文化创造、享受文化成果的平等权利。也只有人人平等地创造和享用，才有可能实现文化的"百花齐放、百家争鸣"，文化也才有可能实现大发展、大繁荣。因此，只有将平等贯彻于文化生活，才能确实地改善文化民生，满足人民群众日益增长的文化需求。

（三）公正：社会主义社会的本质要求

公正具有狭义和广义两种内涵。狭义的公正首先是指个体按同一原则或标准对待处于相同情况的人与事，其立场、态度、方式方法和效果等是客观的、公道的、正派的。广义的公正指的是社会公正，是为了让个体所得到的与所付出的相称或相适应，依据公平、合理的尺度处理利益分配的原则。

公正是一个古老且神圣的价值追求。罗尔斯甚至说："正义是社会制度的首要价值，正像真理是思想体系的首要价值一样。"② 尽管公正价值在人类社会诞生之日起就被不懈追求，但只有到了社会主义阶段，公正才得以真正的实现。

在社会主义新中国，全体人民当家作主的理念与公正的内涵高度一致。社会主义建设的过程也与公正紧密相联。在社会主义核心价值观的四组十二个范畴当中，"公正"最为直接、最为有力地彰显了社会主义的本质。社会主义意味着物质的极大丰富，更意味着人民的共同富裕，这需要公正作

---

① 费孝通：《"美美与共"和人类文明》，《甘肃日报》2010年12月9日。
② 约翰·罗尔斯：《正义论》，何怀宏等译，中国社会科学出版社，1988，第1页。

为尺度衡量一切，防止两极分化，让人民共享发展成果。当然，社会主义的公正不仅仅体现于这一个方面。中国共产党致力于将整个社会建设得更加公正、合理，让全体人民享有多方面的，如政治、经济和文化等权利。这正如习近平总书记强调的："我们推进改革的根本目的，是要让国家变得更加富强、让社会变得更加公平正义、让人民生活得更加好。"①

进入新时代，中国的改革和发展已经进入了"深水区"、关键期。随着社会主义市场经济的改革和发展，市场原则的相关理念渗入到人们的生活当中，甚至改变了社会结构。在此基础上，人们的传统利益关系受到了冲击，逐渐向着多元化的方向发展。在这种复杂的社会背景下，社会公正问题已经变得越来越突出，如贫富差距过大、地区发展不平衡等。这些问题的解决不仅是实现社会公正的必然要求，而且也牵扯着广大人民群众的利益和福祉。所以，公正是当今社会的焦点和敏感问题。也正因如此，党的十九大报告指出，我国社会主要矛盾已经转化为"人民日益增长的美好生活需要和不平衡不充分的发展之间的矛盾"②。解决这一矛盾，必须在中国共产党的领导下，加强总体规划，发挥社会主义的优势，整合并合理分配各种社会资源，妥当调节不同方面利益的冲突，使全体人民切实"共建、共有、共享"，增强获得感和幸福感。

（四）法治：现代国家治理的基本方式

由于读音相近的缘故，法治与法制的区别在日常生活当中并不是十分明确。我们可以借助英文的"rule of law"来理解法治。法治与人治相对应，强调的是一个国家处于依法治理的状态之中，而不是依照某个人的个人意愿来治理。与其说法治是对所有人的治理，毋宁说它实现了对统治集团的制约。而法制指一个国家的法及其法律制度，需要注意的是，法制一词可以应用于多种社会当中。即便是在奴隶制和封建社会当中，也存在着法律制度，虽然这些可能是"非正义"的法律。相对于法制适用于大多数社会形态来说，法治在民主政治的社会形态中的实现，是人类社会文明的进步成果。

---

① 《国家主席习近平发表二〇一四年新年贺词》，《人民日报》2014年1月1日。
② 习近平：《决胜全面建成小康社会 夺取新时代中国特色社会主义伟大胜利——在中国共产党第十九次全国代表大会上的报告》，新华社，2017年10月18日。

法治成为目前治国理政的最佳答案，是人类在历史实践中得出的结论。法治意味着客观、稳定和公平，它根本区别于法制，尤其区别于社会主义之前的一切社会形态中的维护统治阶级反动统治的法制。现代社会主义法治的外延已经延伸到经济、政治、社会、文化、生态等各个领域。

当今中国走在"全面依法治国"的光明道路上，党的十八大明确提出要全面推进依法治国，加快建设社会主义法治国家，并将法治作为社会主义核心价值观的基本内容之一，对法治的重视可谓前所未有。

第一，法治是政治体制改革的必然要求。全面依法治国的推进是一项全局性、系统性工程，党的领导是其根本保证。全面依法治国要求法治国家、法治政府、法治社会一体建设，从而把社会各方面都纳入法治化轨道，使全体公民、社会组织和国家机关都依照宪法法律行使权利或权力、履行义务或职责。将党的领导同依法治国相结合，意味着执政党的行为纳入法治的轨道，这使政党（尤其是执政党）的行为规范化、合法化，从而具有了更高的正当性和权威性。

第二，法治是发展社会主义市场经济的客观需要。市场经济必然意味着对法治的呼唤。市场主体的活动需要有法律的引导，市场秩序的维护需要有法律的保障，国家对市场的监督管理需要有法律的依据。法治的稳定性与可靠性是指引社会主义市场经济改革发展的灯塔，是有效防御市场经济脱离社会主义框架的堤坝。法治不仅仅有利于维护社会主义市场经济的成果，更利于经济进一步发展。实践证明，在一套合理的法律框架内有利于处理各种纠纷，化解各种矛盾。所以，将推动法治建设与社会主义市场经济建设相融合有利于经济社会的进一步发展，有利于增进全体人民的福祉。

第三，法治是维护国家长治久安的重要保障。法治社会要求法律的制定要公开、公正，法律条文要明确，法律的有效性要稳定。这样才使得法治社会具有稳定性和可预期性，才有利于增强群众的安全感和归属感，从而切实提高社会治理的效率，降低社会治理的成本，增强人民群众的获得感和幸福感。

三　个人层面的社会主义核心价值观

个人层面的社会主义核心价值观回答了我们"应该做什么样的公民"

的问题，同时也为个人的价值追求设立了清晰的目标，明确了为人处世的基本价值规范。爱国、敬业、诚信、友善的要求从宏观到日常，基本涵盖了社会生活的各个方面。它继承了中华优秀传统美德的精华，融汇了中国共产党人的革命道德，汲取了社会主义建设时期道德建设的宝贵经验，是一种综合性、系统性的道德理念。在新时代中国特色社会主义实践中，弘扬个人层面的社会主义核心价值观，是个人全面发展的重要组成部分，是社会进步的必经之路，有利于改善社会道德氛围，培育时代新人，重建价值秩序。

（一）爱国：中华民族伟大复兴的力量源泉

社会主义爱国价值观与其说是对个人的要求，不如说是对中华儿女内心强烈感情的鲜明表达。2019年，习近平总书记在纪念五四运动100周年大会上的讲话指出，"爱国主义是我们民族精神的核心，是中华民族团结奋斗、自强不息的精神纽带"[①]。上下五千年，"爱国"的情感深深地刻在了中华民族的血脉当中：历史上不乏"苟利国家生死以，岂因祸福避趋之""先天下之忧而忧，后天下之乐而乐"的呼喊；更有无数仁人志士在国家危难关头奔走呼号，以身殉国。近代以来落后挨打的屈辱历史，让中华民族体悟了"未有国，哪有家"的道理。正是强烈的爱国信念、情感支撑着中华民族渡过一个又一个劫难，并一次次转危为安，逐步走向伟大复兴。

爱国的内涵十分丰富，它是个体对祖国的一种积极的、炙热的情感，也是全体中国人的基本责任和义务。爱国的外延表现形式多样，主要有热爱祖国的大好河山、热爱祖国的灿烂文化、热爱自己的骨肉同胞，坚决捍卫国家的主权独立、领土完整和核心利益，为民族国家的生存、建设和发展勤奋耕耘，做出自己应有的贡献。

爱国固然是一种美好的情感，但它不应该仅仅停留在情感层面。爱国不是空洞的口号，它需要具体行动的支撑。在这一点上，只有做到"知行合一"才是真正的爱国者。爱国的行为当然包括轰轰烈烈的壮举，但更多的是日常生活中的点滴。培育和践行社会主义爱国价值观，可以从身边的

---

① 习近平：《在纪念五四运动100周年大会上的讲话》，新华社，2019年4月30日。

小事做起，比如在现实社会和网络空间主动维护国家的尊严，支持国产，爱买国货，积极参加形式多样的爱国主义活动等。此外，在百年未有之大变局的新时代，国际社会错综复杂，我们应当庆幸出生在一个和平的国家，但也应该有警惕意识。维护国家利益的战线无处不在，甚至有可能就在我们普通人身边。例如，注意不明势力的网络渗透，主动与出卖国家利益的人作斗争；为祖国的主权完整、和平安宁、繁荣昌盛贡献自己的力量等。

（二）敬业：人民当家作主的"主人翁精神"

敬业的美德同样有深厚的历史支撑，"敬业乐群""忠于职守"的思想随着中国传统文化流淌于中国人的日常生活当中。从内涵方面说，敬业指的是人在劳动和履行工作职责时的一种认真的态度和负责的精神，用一个词来概括就是"恪尽职守"。在新时代，敬业不仅仅是一种态度或精神，而且是对构建中国特色社会主义新型人际关系的内在反映。新时代的敬业不是给地主种地，也不是给资本家打工，因为它建立在生产资料公有制的基础上。人民成了社会的主人，当然也成了自身劳动的支配者。在这种社会中，没有谁奴役谁或谁压迫谁的现象，每个人都是平等的主体。所以，在工作中应体现"主人翁"精神，将敬业贯穿于劳动的过程。

敬业首先是对个人的要求，它需要我们"恪尽职守"，发挥"钉子"精神，将自己所承担的工作视为神圣的责任，将自我价值的实现融入日常工作当中，甚至还需要奉献精神，将自我的实现与社会主义建设这一伟大事业相联系。其次，敬业其实也是对社会的要求，它要求社会尊重劳动本身，尊重劳动主体及其劳动成果。只有劳动者真正认可自身的价值可以通过劳动来实现，才能发自内心敬业。

乐业是社会主义敬业价值观的最高境界。在社会主义初级阶段，许多劳动者没有发觉社会深刻的改变，依旧承袭旧时代的劳动观念，把工作看成被剥削，将工作工具化为获得金钱或权力的"垫脚石"。更有甚者，有人视自己的职业为一种"折磨"或"苦役"。倘若没有意识到在社会主义建设中，劳动者成了自身的主人，那他（她）自然也无法"乐业"。"敬业""乐业"的前提是充分理解劳动在社会主义建设中的重要意义，认识个人通过劳动的发展与整个社会的进步相互依赖，个人的价值应与社会价值在社会主义建设中实现统一。的确,从旧社会步入到社会主义社会是一个巨大的转变,许多人一时无法适应,所以更需要大力弘扬社会主义核心价值观,引导劳动者树立正确的敬业观念。

(三)诚信:社会主义社会人际交往的纽带

诚信是中华民族自古以来的传统美德。诚信意味着诚实和信用,其要义在于"真实无欺不作假、真诚待人不说谎、践行约定不失言"①。具体来说,诚信至少包括对待事情和对待人两个方面。就对待事物来说,我们应该以端正的态度探究问题本身,俗话说"就事论事"。这要求我们如实反映事物的本质和规律,做到实事求是。从待人方面来讲,要待人真诚、表里如一,不说谎、不欺诈。

社会主义核心价值观的诚信不仅仅是简单履行合约、信守承诺的"契约精神",更是一个人道德品质的重要表征和劳动创造的态度。诚信地劳动意味着遵纪守法、踏实肯干,它应该贯穿于所有参与者的劳动的全过程。对于一个劳动者,诚信劳动代表了不偷奸耍滑、不投机取巧。对于一个企业,诚信劳动则意味着不弄虚作假、不制造假冒伪劣产品、不剽窃他人的知识产权、不虚报业绩。如果说"劳动创造世界",那么,只有诚实劳动才能创造出提升人的生活品质和增强人们幸福感的美好世界。对于社会主义市场经济来说,诚信是发展的基石。当前,中国正处在全面深化改革的关键期,处在完善社会主义市场经济体制的攻坚期。如果没有诚信奠基,社会将无法维持正常秩序,人民将无法正常地参与经济生活。所以,诚信的缺失必然影响经济、社会的良性发展。

诚信是社会文明进步的核心要素。习近平强调:"企业无信,则难求发展;社会无信,则人人自危;政府无信,则权威不立。"② 诚信是任何社会参与者所必备的品质和要求。诚信是个人安身立命的基础、事业成功的前提;诚信是企业成功的拱顶石、最具号召力的广告、持久发展的保险和宝贵的软实力;诚信是社会运行的基本条件,是传统公序良俗的重要表现,是维系正常社会秩序的保险带;诚信是国家公信力的重要来源,是治国理

---

① 王淑芹:《培育和践行社会主义诚信价值观》,《思想政治教育》2015 年第 12 期。
② 习近平:《之江新语》,浙江人民出版社,2007,第 18 页。

政的必然要求，是落实依法治国的重要前提，是提高国际影响力的重要手段，是一个国家持续向好发展的信号灯。总之，诚信是对全社会各方面的要求，诚信价值观的培育和践行需要每个人、每个社会主体无一例外地参与。

（四）友善：社会主义新型人际关系的符号

友善是中华文化源远流长的传统美德。中国以"礼仪之邦"的美誉矗立在世界民族之林，可以说"有朋自远方来"的友善精神刻在了中华民族的文化基因当中。无论是中国人的为人处世，还是待人接物都可以鲜明地印证这一点。在传统儒家思想中，友善的内涵主要包括两个方面：第一，友善是"仁"的自然表露。所谓"仁者爱人"，强调通过仁心爱身边人，由此推己及人至整个社会。孟子讲"老吾老以及人之老，幼吾幼以及人之幼"就体现了这一点。第二，友善是"将心比心"的产物。它不仅仅是某个个体的事情，更要考虑到主体与主体之间的关系。孔子强调"己所不欲，勿施于人"，表明了友善不是将自己对"善"的理解强加于他人之上，而是要有"换位思考"的过程在其中。

作为个人层面的社会主义核心价值观，友善的意义在于褒奖全社会的友善之举，吹动友善之风，让友善成为净化社会风气、密切人际关系、建设和谐社会的强大道德力量。它包括以下三个方面：从个人与自我的关系看，善待自己；从个人与他人、社会的关系看，在与他人交往时，在社会共同体中生存时，表达善意，相互理解，合作共赢；从个人与自然的关系看，具有悲天悯人的情怀，对自然环境友好，善待一切生命。

必须明确的是，社会主义核心价值观的友善与封建社会儒家讲的"仁爱"、资本主义社会倡导的"博爱"存在实质性的区别。社会主义核心价值观的友善以中国特色社会主义的实践为根基，立足中国国情，是在全体人民当家作主为条件下的友善。它不服务于某一统治集团，而是人与人之间的一种平等、互敬、互爱、互助的新型人际关系。同时，它也不是"博爱"或者"泛爱"。社会主义核心价值观的友善是一种"相互性"关系，它并不无条件地面向所有人，不无原则、无立场地善待一切人。我们不可能同那些妄图颠覆新中国、奴役中国人的敌对势力谈友善，也不可能去和那些践踏法律、危害人民生命财产安全的犯罪分子讲仁慈。友善是必须的，专政也是不可或缺的，若没有原则、不加限定地呼吁友善，就是对犯罪行为的放纵和向敌对势力的妥协，这是严重违背中国最广大人民根本利益的行为。

四　社会主义核心价值观的逻辑关联

社会主义核心价值观的三个层面兼顾了国家、社会、个人三者的价值愿望和追求，实现了政治理想、社会导向、行为准则的统一，实现了国家、集体、个人在价值目标上的统一。三者相互区别、各有侧重、各具特色，但同时又相互联系、相互贯通、相辅相成，是一个辩证统一的有机整体。

首先，国家逻辑上先于社会和个人，是社会和个人的存在论前提，国家层面的价值观追求在更高的层次上指引着社会和个人的价值追求，是总体性的目标。

正如"国家"一词的组成，"国"与"家"密不可分、相辅相成。虽然一个个家庭组成了国家，但"国"在"家"前，国泰才能民安。"没有国哪有家"的道理通过近代的屈辱历史已经深深地被中华民族所铭记。国家稳定社会才能和谐，国家强盛百姓才能安定。如果没有国家层面的富强、民主、文明、和谐，社会层面的自由、平等、公正、法治便成了失去实现环境的空谈；人民百姓在如此动荡的时代，更是犹如漂泊在惊涛骇浪中的一叶孤舟，生命都难保更别说对价值的追求，此时的爱国、敬业、诚信、友善就成了空中楼阁。

近代以来落后挨打的屈辱历史已经永远成为过去。在社会主义新中国，全体人民当家作主的社会制度建立起来了，人民翻身作了主人。这为实现社会和个人的价值理想奠定了坚实的基础。习近平总书记强调："人民既是历史的创造者、也是历史的见证者，既是历史的'剧中人'、也是历史的'剧作者'。"① 这旗帜鲜明地将中国特色社会主义关于人民历史地位和作用的理论，同唯心的英雄史观和虚伪的资产阶级"人民主权论"划清了界限。中国共产党始终把"一切为了群众、一切依靠群众，从群众中来、到群众

---

① 习近平：《在文艺工作座谈会上的讲话》，《人民日报》2015 年 10 月 15 日。

中去"的群众路线当作党的生命线。党始终坚持群众观点，即以马克思主义的基本观点为前提，把群众的利益和要求作为党的路线和政策的出发点和归宿，始终坚持人民的利益高于一切的原则。无论是理论还是历史实践，都体现出了中国共产党具有坚持人民立场、人民利益至上的人民性，这是中国共产党同一切剥削阶级政党的根本区别。

坚定不移地以人民为中心的发展观是真理与道义的科学统一。人民群众是社会物质财富的创造者，是社会精神财富的创造者，是社会变革的决定力量。任何推动历史发展的革命性事件，都是以人民群众为中坚力量的。"水能载舟，亦能覆舟"，人心的向背决定着历史的发展。在社会主义中国，人民群众既是革命、建设和改革的主体，同时也能通过共享发展成果而获得幸福感。国家既鼓励个体将自我价值的实现同社会主义建设相结合，也为每个个体的价值实现提供了广阔的空间。

"富强、民主、文明、和谐"高屋建瓴地为生产生活的方方面面设立了一个总体性的价值目标。社会层面的自由、平等、公正、法治固然重要且远大，但我们绝不是为了自由而自由，为了平等而平等，为了公正而公正，为了法治而法治。我们要清楚，对社会层面的价值观追求是为了建设一个更加符合马克思主义理论、中国国情的国家，是建设社会主义现代化强国的重要组成部分。同时，自由、平等、公正、法治也依赖于富强、民主、文明、和谐所创造的安定、和谐的整体环境。

个人层面的爱国、敬业、诚信、友善，作为个人的道德准则和行为准则，必须在一个"共同体"内才有其有效性和规范性根据，对现代个人而言这个共同体就是民族国家。"爱国"这一中华民族的优秀文化传统直接指向了国家层面的价值目标，它是驱动我国披荆斩棘、乘风破浪的生生不息的强大精神动力。"敬业"的深层次目的是为了更好地建设社会主义，壮大我们的国家，服务我们的人民。"诚信"是一个人道德品质的重要表现，事业成功的必备要素，但它最终指向的也是建设一个和谐美好的国家。当这个共同体内的每个人都恪尽职守、坚守底线，那么一个民族和国家必然有快速、持续、良好发展的坚实社会基础。正如前文所说，"友善"不是抽象的、无条件的，它必须在一个共同体内，在国家层面的价值观所构建的框架中才是正当的。

其次，社会是国家和个人之间的桥梁，社会层面的价值取向是个人价值准则的接续发展和实现国家价值目标的必要条件，它还起到沟通两者的作用，是价值要求由个人上升到国家的必然环节。

根据马克思的理论，人不是抽象的、孤立的存在物，而是一种具体的"社会性的存在"，"人的本质……是一切社会关系的总和"①。的确，任何人都必须在社会中存在，否则他就不成其为人。在社会之中存在，意味着要遵守社会规范，进行社会活动，维护和实现社会价值共识。从社会本身的内涵和形式来讲，一方面，社会是个体展开自身生活的场所，是个人生存生活的客观境遇；另一方面，社会并不是"共同体"的一种理想形态，不是群体组织的理想形式。社会形成于个体的自发性，这种自发性导致了社会对社会中的个人的约束性和规范性比较弱。随着社会生产力的发展，对有组织、大规模生产的需求越来越大。于是，在社会基础上的国家出现了。国家虽然从社会中产生，但在逻辑上先于社会、高于社会，并日益形成与社会分离的趋势。黑格尔指出国家之所以与社会日益相分离，在于市民社会中个体的利益和需要是特殊的，这使得社会充满了各种相冲突的力量，是一个"任性的混合体"。而伦理国家是克服"任性"而达到"普遍"，协调特殊利益而达到普遍利益的解决方式。马克思扬弃了黑格尔的观点："家庭和市民社会是国家的现实的构成部分……它们是国家的存在方式。家庭和市民社会使自身成为国家。它们是动力。可是在黑格尔看来又相反，它们是由现实的观念产生的。把它们结合成国家的不是它们自己的生存过程，而是观念的生存过程，是观念使它们从它自身中分离出来。"② 一句话，是市民社会决定国家，而不是国家决定市民社会。依据马克思的理论，现代国家的建立是现代社会发展的结果，在其中价值观念的认同起着至关重要的作用。因此，无论是个人还是社会的价值追求都与国家的奋斗目标具有内在的一致性，是辩证统一的。

自由、平等、公正、法治是社会主义核心价值观在社会层面的价值取向，同时也是每个人的内心呼唤。所以，社会层面和个人层面的价值取向，两者之间不应该相冲突、相违背。社会的形成以人与人相互关联为基础，

---

① 马克思、恩格斯：《马克思恩格斯选集》第1卷，人民出版社，2012，第135页。
② 马克思、恩格斯：《马克思恩格斯全集》第3卷，人民出版社，2002，第11页。

这种相互关联之所以能够上升为社会，其背后的价值论根据就是自由、平等、公正、法治。社会层面的价值理念必须落实到个人日常生活的点滴当中。就自由来讲，这不是一句口号，而是体现在每个个体不受阻碍地追求自身价值的实现当中。当然每个人的自由并不能成为妨碍其他人自由的借口。即便是爱国的行为也不能违背自由，而且爱国行为都应该是为了捍卫自由的价值理念。正如匈牙利著名爱国主义战士和诗人裴多菲所创造的诗歌："生命诚可贵，爱情价更高。若为自由故，两者皆可抛。"这首诗所体现的高尚精神深刻地体现在中国革命事业和社会主义建设当中。为了国家的独立、民族的解放和人民的幸福生活，无数革命先辈和当代楷模置自身安危于不顾，舍生取义，为了理想信念抛头颅、洒热血。中国共产党人的爱国主义情怀从根处说，是被民族的自由解放所引发和驱动的。再比如说平等，平等是隐藏在诚信中的一个基本前提，只有在平等的关系中，才有诚信可言，就如一个人不会同动物讲诚信，奴隶主不会和奴隶讲诚信。当今的社会主义市场经济，尤其需要凸显诚信，这一凸显的基本前提就是明确市场经济的不同主体之间是平等的。百姓常讲的"童叟无欺"，讲的不仅仅是商家诚信经营的问题，更是暗示参与经济活动的主体在这一活动中地位是平等的。无论是普通的买家，还是弱势群体如老人和小孩，都能被平等地对待。若一个社会不同主体之间平等的关系不是普遍存在的，那么这种社会所缔结的契约必然带有局限性。这种契约往往是为了维护统治集团和既得利益群体的利益和需要，这意味着压迫和剥削，意味着一部分人对另一部分人的奴役。这种病态的社会关系当中，便谈不上存在友善，即便是有也是披着友善"羊皮"的"伪善"，更不存在纯洁的友情。人与人戴着"面具"交往，表面上其乐融融、一派和谐的景象，但内在矛盾和冲突是无论如何也掩盖不住的。又如，没有公正，不仅上述的诚信、友善无从实现，而且敬业也无从谈起。劳动者"敬业""干一行爱一行"的前提之一是劳动被尊重。如果缺乏最基本的公正，让偷奸耍滑、不劳而获的人成了"吃蛋糕"的利益获得者的话，那么敬业就成了空谈的口号。此外，法治是现代社会治理的基本方式，是实现个人层面社会主义核心价值目标的保障。如康德所说"法律是道德标准的底线"。因此，必须确立法律的权威和法治的思维方式，实现形式法治到实质法治的转变。同时，个人层面的社会主核心价值观是一种对个体的价值约束，但这种道德的软约束必须配上法律的硬约束，才能产生更好的、可期待的效果。

社会基础决定国家形态，社会的价值取向需要上升为国家的价值目标。富强、民主、文明、和谐的价值目标内蕴自由、平等、公正、法治的价值取向，这是国家层面价值总目标的应有之义。自由、平等、公正、法治不是"空中楼阁"，不是可以随处扎根的蒲公英，只有在社会主义条件下，真正的社会层面的价值观目标才能真正实现。中国特有的政治制度和社会制度保证了人民的主体地位，这从根本上注定了中国社会主义社会比资本主义社会更加注重广大人民的权利，更加注重社会公平，更加注重社会和谐；同时，生产资料公有制从根本上消除了资本主义制度下资本私人占有与生产社会化之间的根本矛盾，从而也避免了与资本主义相生相伴的经济危机，为生产力的解放和发展创造了有利的制度条件。历史证明了这一点，无论是新中国成立初期的生产建设，还是改革开放以来的经济腾飞，社会主义制度的优越性被中国充分发挥。虽然在这一过程中仍然有贫富差距和地区差距等问题，但经济的大发展为最终实现共同富裕奠定了坚实的物质基础。总体来说，自由、平等、公正、法治是富强、民主、文明、和谐、美丽的社会主义现代化强国的重要价值表现，也是广大人民对美好社会的价值愿景，中国共产党始终代表中国先进社会生产力的发展要求；始终代表中国先进文化的前进方向；始终代表中国最广大人民的根本利益。所以满足广大人民对美好生活的向往就是我们这个社会主义国家的奋斗目标，是中华民族伟大复兴"中国梦"的重要价值内蕴。

再次，个人是国家和社会的细胞，个人层面的社会主义核心价值观准则是国家价值目标和社会价值取向得以实现的基础。

马克思、恩格斯指出："全部人类历史的第一个前提无疑是有生命的个人的存在。"① 不关注个人的存在境遇和发展状况，"人类整体"就无从进步。唯物史观的基础就是现实的人及其历史发展："我们的出发点是从事实际活动的人。"② 尽管，社会主义核心价值观从国家、社会、个人三个层面提出了价值要求，但从归根到底的意义上讲，价值主体是每一个个人。所

---

① 马克思、恩格斯：《马克思恩格斯选集》第 1 卷，人民出版社，2012，第 146 页。
② 马克思、恩格斯：《马克思恩格斯选集》第 1 卷，人民出版社，2012，第 152 页。

以马克思强调:"代替那存在着阶级和阶级对立的资产阶级旧社会的,将是这样一个联合体,在那里,每个人的自由发展是一切人的自由发展的条件。"① 不同于资产阶级的虚假的共同体,在社会主义社会,每个人的价值实现程度和行为都会影响社会和国家的价值实现;同样,社会和国家的价值实现必须以个人的价值实现为前提。

社会层面价值取向的更好实现,离不开个人层面价值准则的坚持。爱国、敬业、诚信、友善早已融入每个人日常生活中的时时刻刻、方方面面。相对于社会和国家层面较为宏观的价值理念,它们是从平常生活中提炼出来的,所以更加具体、接地气、具有生活气息。我们是中华儿女,在中华大地上成长壮大,流淌着中华民族的血液。所以,爱国是我们最自然的感情流露、最朴素的情感。爱国主义是实现自由的精神支撑。自由绝不是一味地抛弃肩上的责任或无立场地选择优渥的生活。若将自由理解为如此这般,那么新中国建立初期,那些在海外有着卓越成绩和良好生活的仁人志士放弃了在他乡的一切而回到祖国的怀抱,即便是冒着生命危险也在所不惜,他们是放弃了自由吗?像钱学森、钱伟长、钱三强、华罗庚、郭永怀、朱光亚、张文裕、王希季、师昌绪等一批爱国科学家是"自讨苦吃",主动选择了"不自由"吗?心系祖国的科学家,在那个资源匮乏的年代,虽然没有良好的工作环境,没有丰厚的福利待遇,甚至没有充足的休息时间,但他们与祖国共呼吸、同命运。爱国主义是中华民族精神的核心,尽管在物质上紧张,但他们在精神上是无比充实的。这难道不是一种实现自我价值的方式吗?这难道不是一种自由吗?当然在劳动过程和社会主义建设的实践当中,不是每个人都可以像科学家那样做出开创性的贡献,更多的是无名的普通劳动者。但只要秉持敬业精神,勤勤恳恳,兢兢业业,在平凡的岗位上也可以做出不平凡的成绩,因此我们说"劳动最光荣,劳动者最伟大"。用自己的双手去实现自身的价值,去创造幸福的生活,去建设美好的未来,才是自由的真实体现。再如诚信,一切美好的许诺和远大的憧憬,如果不以诚信为担保,都是水中捞月。资本主义自诩自由、平等、博爱或者自由、民主、人权,但是正如马克思所揭示的"资本来到世间,从头到

---

① 马克思、恩格斯:《马克思恩格斯文集》第 2 卷,人民出版社,2009,第 53 页。

脚，每个毛孔都滴着血和肮脏的东西"①。当资本家们宣扬着普世价值观的同时，却天天干着剥削、压迫、欺骗的勾当。长期的洗脑仿佛真的给人以一种资本主义是最优越的制度的错觉，福山甚至提出了"历史的终结"。然而，当我们看到资本主义剥削、压迫的本质，我们就清楚它自身的矛盾永远无法化解，迷信这个"虚假的共同体"，只能是自欺欺人。友善亦是如此。国家和社会都是由人所构成的，如果人与人之间的关系是冷漠甚至敌对状态，那么这种社会只能是"一切人反对一切人"的混乱状态，这样一个社会不可能是自由的。所以，只有从每个人的日常行为开始，坚持爱国、敬业、诚信、友善的价值准则，才能创造自由、平等、公正、法治的社会环境。

国家层面价值目标的更好实现，也离不开公民个人坚守价值准则。社会主义核心价值观个人层面的价值准则的第一个关键词——"爱国"——直接指向了我们的祖国，"爱国"的其中一条重要含义就是为了国家的价值理想而努力奋斗。尽管当今的中国早已不是那个积贫积弱、任人宰割、不堪回首的中国，但我们仍需要痛定思痛、居安思危、接续奋斗。这也是为何社会主义核心价值观的第一个关键词是"富强"的重要原因。从"站起来"到"富起来"，再到"强起来"，这是中华民族伟大复兴的坚实步伐。其中，如果没有爱国主义作为支撑我们就会失去顶住危难时刻的那口"气"，失去在窘迫之境支撑着我们的"精气神"，也就难以实现从贫穷落后到繁荣强盛的"逆袭"。实现奇迹般的发展，不仅仅依靠精神上的强大，空谈误国，实干兴邦。对于每个劳动者来说，秉持敬业精神，坚守自己的岗位，做好自己的本职工作就是对社会、民族、国家实实在在的贡献。诚信的原则要同时贯彻到做事和做人当中，没有端正的对待事物的态度，难以成业绩，人无信则风气浊，国无诚则难以兴。只有使诚信成为全民信仰，工作才能完善，社会才能和谐，国家才有希望。友善作为一种具有温度的道德规范，滋润人心、历久弥新，随着中华传统文化绵延数千年而经久不衰，并在新时代被注入新的内容，焕发出新的活力。"有朋自远方来，不亦乐乎"的与人为善态度，立德修身、推己及人的友好精神，对于构建社

---

① 马克思、恩格斯：《马克思恩格斯文集》第5卷，人民出版社，2009，第871页。

主义和谐社会、构建人类命运共同体、建设社会主义现代化强国意义重大。

　　总之,"富强、民主、文明、和谐"是从国家层面提出的要求,反映了我国在社会主义初级阶段的奋斗目标和人民群众的共同期盼;"自由、平等、公正、法治"是从社会层面提出的要求,反映了社会主义社会的基本性质和价值导向;"爱国、敬业、诚信、友善"是从个人层面提出的要求,反映了在社会主义新时代广大公民的价值追求和道德准则。三个层面相互联系、相互贯通、相辅相成,兼顾了国家、社会、个人的价值目标和追求,实现了政治理想、社会导向、行为准则的统一。三个层面共同构成了一个有机整体,每一个方面都不是单独地对某一层面而言的,而是对国家、对社会、对个人都具有规定性、规范性和导向性。

(执行编辑:陈新汉)

社会主义核心价值观融入小学思政课的现状及其方法和路径研究*

刘 冰**

【摘 要】 小学阶段是世界观、人生观和价值观形成的启蒙阶段，是"扣好人生第一粒扣子"的开端。小学阶段的思政课作为社会主义核心价值观教育的主阵地，其重要性显而易见。本文将从社会主义核心价值观融入小学思政课的现状入手，分析当下存在的问题及原因，并尝试探究改善的方法和路径，以期助力于当下小学阶段的社会主义核心价值观的教育和践行。

【关键词】 社会主义核心价值观；小学思政课；践行

习近平总书记曾在讲话中指出，任何一个思想观念，要在全社会树立起来并长期发挥作用，就要从少年儿童抓起。抓住青少年价值观形成和确定的关键时期，引导青少年扣好人生第一粒扣子。2019年3月27日教育部召开中小学思政课教师座谈研讨会。会议强调各地各中小学校要把思政课建设摆在基础教育改革发展更加突出的重要位置。由此可见，社会主义核心价值观的培育和践行在小学阶段的重要性不言而喻，社会主义核心价值

---

* 本文系国家社会科学基金项目高校思政课研究专项"社会主义核心价值观融入大中小学思政课一体化研究"（19VSZ046）的阶段性成果。

** 刘冰，上海大学马克思主义学院讲师，主要为研究方向价值论。

观如何融入小学思政课，在社会主义核心价值观融入大中小一体化研究中，是不可或缺的一环。

一 社会主义核心价值观融入小学思政课的当前状况

新中国成立70多年来，小学思政课程经历了从无到有，从"政治"课到"思想品德"课，从"思想品德课"到"品德与生活""品德与社会"，再到"道德与法治"的变化，不过小学思政课程的初衷未改，即培养全面发展的社会主义建设者和接班人。自2013年社会主义核心价值观提出以来，作为教育主阵地的思政课程就不断改革探索，在推动社会主义核心价值观教育方面成效显著，并积累了一定值得借鉴的经验。

第一，不断完善制度安排，做好顶层设计。党的十八大以来，习近平总书记多次就培育和践行社会主义核心价值观、通过小学思政课完成立德树人根本任务发表重要讲话①，要求"把下一代教育好、培养好，从学校抓起、从娃娃抓起"，"给学生心灵埋下真善美的种子，引导学生扣好人生第一粒扣子"②。自2014年始，中央和国家相关部门出台了《关于培育和践行社会主义核心价值观，进一步加强中小学德育工作的意见》《关于在各级各类学校推动培育和践行社会主义核心价值观长效机制建设的意见》《中小学德育工作指南》等一系列文件；2019年3月27日，教育部召开中小学思政课教师座谈研讨会，会议要求各地中小学校把思政课建设摆在基础教育改革发展更加突出的重要位置；2021年，《新时代学校思想政治理论课改革创新实施方案》指出，"小学阶段重在培养学生的道德情感"③，"培养学生对

---

① 习近平总书记说："2014年，我在上海考察期间说过，培育和践行社会主义核心价值观要在落细落小落实上下功夫，特别是要抓好青少年等重点人群；在北京市海淀区民族小学考察时提出，学校要把德育放在更加重要的位置，努力做到每一堂课不仅传播知识、而且传授美德，让社会主义核心价值观的种子在学生们心中生根发芽。2016年，我在北京市八一学校考察时强调，基础教育是立德树人的事业，要旗帜鲜明加强思想政治教育、品德教育，加强社会主义核心价值观教育，引导学生自尊自信自立自强。"（习近平：《思政课是落实立德树人根本任务的关键课程》，《求是》2020年第17期。）
② 习近平：《思政课是落实立德树人根本任务的关键课程》，《求是》2020年第17期。
③ 《中央宣传部、教育部关于印发〈新时代学校思想政治理论课改革创新实施方案〉的通知》，《中华人民共和国国务院公报》2021年第9期，第75页。

习近平新时代中国特色社会主义思想的情感认同；知道社会主义核心价值观"①。这一切为小学阶段培育和践行社会主义核心价值观指明了目标和方向，并明确了实施途径和任务要求。

第二，课程体系及课程教材不断更新发展。近些年来，思政课程名称的变更及教材的修订更迭，都更加强调了社会主义核心价值观的引领作用。2018年9月1日始，教育部统编的《道德与法治》教材在全国初始年级投入使用。义务教育阶段原品德课调整为"道德与法治"，加强了中华优秀传统文化教育、革命传统教育、法治教育、国家主权意识教育、民族团结教育等主题内容，并专门设置了中国梦、总体国家安全观等专题。这不仅促进了小学思政课内容的与时俱进，也体现了社会主义核心价值观的引领作用。"教育部教材局相关负责人表示，统编教材坚持德育为先、以德塑魂，突出爱党爱国爱社会主义教育，全面有机融入社会主义核心价值观。"②特别是从"教材"到"学材"的转变，围绕学习活动设计教材，涵盖不同类型的学习活动，如理性认知型、经验反思型、情感体验型、意志决断型、行为体验型、想象扩展型③等，调动学生全身心多维度地参与，旨在进一步激发学生主动探索的兴趣、积极性和主动性，使学生从被动学习转为主动学习。

第三，通过丰富多样的课堂教学和课外活动落实社会主义核心价值观教育，积极整合各方课程资源，进一步拓展深化课程。《道德与法治》新课程标准中指出，要充分利用来自教科书、儿童、学校、家庭和社区的资源开展教学活动，其中包括校内外资源、图书媒体以及网络资源。根据数据显示，我国慕课数量当前已居世界第一位。经过近几年的发展实践，慕课建设与应用呈现飞速增长，特别是高校思政课建设结合慕课取得了显著成效，而有些小学运用慕课开展思政课教学也开展了积极探索与尝试。如"云课堂"、微课形式的网课教学，通过结合绘画、诗歌、音乐等互动方式让学生参与其中，使社会主义核心价值观以润物无声、入脑入心的方式对

---

① 《中央宣传部、教育部关于印发〈新时代学校思想政治理论课改革创新实施方案〉的通知》，《中华人民共和国国务院公报》2021年第9期，第75页。
② 丁雅涌：《思政课有料又有趣》，《人民日报》2019年5月28日。
③ 高德胜：《以学习活动为核心建构小学〈道德与法治〉教材》，《中国教育学刊》2018年第1期。

学生进行教育。

在课外实践方面，各个学校和一线教师围绕思政课程改革，结合学校情况及地方特点，对有效融入的问题进行了大量思考，并开展了具有鲜明特色的教学实践。例如，有的学校开设了学垦荒体验课，每周安排固定课时让学生参加劳动，干农活成为每个学生的必修课；有的小学开展雾霾监测活动，定时定点监测记录学校室内外空气质量数据，观测记录数值变化趋势，以直观的方式强化环保意识；有的学校充分利用当地历史遗迹、红色教育基地等进行感性教育。"校外教育空间不断拓展。目前全国共有研学实践教育基地582个、营地40个，基本形成了以营地为枢纽、以基地为站点的研学实践教育资源体系，涵盖各类农业基地、科研院所、知名企业、重大工程基地等，为各地结合研学旅行、团日队日活动和社会实践活动组织学生劳动实践创造了条件。"[1]总之，不断地拓展教育载体，丰富育人手段，创新方式方法，已经成为不少学校和教师的共识，并进行了大量有启迪意义的尝试。

第四，构建家庭学校社会全方位育人共同体，三方互动配合进行核心价值观教育。如上海以教育综合改革为支点，撬动校内外贯通的育人大课堂，多样的校内外活动成了落实社会主义核心价值观教育的平台和载体。

（一）社会主义核心价值观融入小学思政课的内容安排

小学《道德与法治》[2]教材共12册，涵盖了六大生活领域：学生的健康成长、家庭生活、学校生活、社区与公共生活、国家生活以及共同世界。《道德与法治》教材的执行主编高德胜介绍，教材按照由近及远、由浅入深、螺旋上升原则，从家庭—学校—社区—国家—世界生活场域逐步拓展，突出德法兼修，强化实践体验。[3] 2017—2018年，教育部在东中西部14个省

---

[1] 丁雅诵：《思政课有料又有趣》，《人民日报》2019年5月28日。
[2] 根据教育部办公厅发布的《关于2016年中小学教学用书有关事项的通知》，从2016年9月1日起，义务教育小学和初中起始年级"品德与生活""思想品德""品德与社会"等教材名称统一更改为《道德与法治》，以贯彻落实党的十八届四中全会关于在中小学设立法治知识课程的要求。
[3] 肖晨：《把握课程方向　适应教学新要求——访华东师范大学教授、统编小学〈道德与法治〉教材执行主编高德胜》，《福建教育》2017年第35期。

份回访调研，通过听课、座谈、调查问卷等多种方式，了解义务教育《道德与法治》教材使用情况，结果显示，92%的教师对新教材表示满意，82%的学生喜欢新教材。①

小学《道德与法治》课程标准的开篇就明确指出，基础教育必须加强社会主义核心价值体系教育，以培养学生良好的公民道德素质。《道德与法治》新编教材以社会主义核心价值观为价值引领，把国家与社会的需要与学生自身的成长需求有机结合起来，从学生最力所能及的事情出发，逐步构建起他们在个人、社会及国家层面的价值观念。

在教材内容的编写方面，力求以生动活泼的形式将社会主义核心价值观落小落细。在低年级是以个人层面的社会主义核心价值观教育为主，如爱国、敬业、诚信、友善等对公民个人层面的价值要求分布在低年级阶段的课程内容中，引导学生认识到该成为一个怎样的公民。而在高年级阶段的课程教材中则进一步融入了社会和国家层面的社会主义核心价值观内容，告诉学生应该向往一个怎样的社会，以及应当建设一个怎样的国家。自由、平等、公正和法治既是对公民的价值要求，也是对美好社会的生动诠释。富强、民主、文明与和谐是中华儿女为实现中华民族伟大复兴而应共同奋斗的目标，更是青少年应从小根植在心中的理想和信念。可以说，社会主义核心价值观全面融入了小学思政课各个年级的教材内容中。

虽然社会主义核心价值观三个层面的内容在小学"道德与法治"课程中都有所体现，不过作为学校培育和践行社会主义核心价值观体系的最初环节，小学思政课在内容设计上还是有所侧重的。如前所述，只有坚持公民个人层面的价值准则，才能更好地实现社会和国家层面的价值取向。"相对于国家层面价值目标和社会层面价值取向来说，公民个人层面的价值准则，更具有广泛性、渗透性和大众性；在广泛的社会领域深入开展涵养公民个人优良价值观的实践活动，不啻是培育和践行社会主义核心价值观的基础工程。"②综观《道德与法治》小学部分的内容，可将小学阶段的社会主义核心价值观培育的三个侧重方向概括如下：从善待自己到善待他人、自

---

① 丁雅涌：《思政课有料又有趣》，《人民日报》2019年5月28日。
② 包心鉴：《"爱国、敬业、诚信、友善"是现代公民个人价值准则》，《光明日报》2014年2月23日。

然——友善、诚信、和谐贯穿小学思政课的始终；从传统文化到当代中国——爱国、敬业、富强、文明是小学思政课的重要主题；从规则意识到民主法治——自由、平等、公正、法治是小学思政课的必要环节。总体而言，这三个维度可以作为理解和把握小学思政课中社会主义核心价值观教育的一把钥匙，而社会主义核心价值观其他方面的内容可以通过这三个维度加以把握。

（二）社会主义核心价值观融入小学思政课存在的主要问题及其原因剖析

当前小学对社会主义核心价值观教育的重要性、必要性的认同度比较高，教育工作的整体情况向好。当然，在取得一定成绩和经验的基础上，也存在一些不容忽视的问题。

第一，社会主义核心价值观教育存在知识化、简单化倾向。小学对社会主义核心价值观基本内容的认知总体良好，但存在"知而不深"的情况。多省市关于社会主义核心价值观教育的抽样调查问卷结果显示，关于社会主义核心价值观的基本内容，94.3%的教师和81.8%的学生能够正确回答，只有5.7%的教师和18.2%的学生的答案为"不清楚"，或者回答有误，这表明目前我国中小学对社会主义核心价值观基本内容的认知情况总体良好。①在学生对社会主义核心价值观的认知程度方面，关于社会主义核心价值观基本内容涵盖层面的问题，63.8%的学生回答正确，36.2%的学生回答有误。通过对比数据发现，尽管我国当前大多数小学生对社会主义核心价值观的基本内容有一定了解，但存在认识趋于表面化、不深入等问题。②此外，调研结果还显示，一些教师对社会主义核心价值观内涵的理解程度也不够，还需要进一步把握12个基本概念的内涵。特别是，在有些教师自身理解深度不够的情况下，教学内容往往只能停留在表面知识的传递，无法深入浅出地进行教学。例如，在传播中华优秀传统文化方面，知识灌输多，

---

① 罗敏、王英：《中小学社会主义核心价值观培育现状的实证研究》，《现代中小学教育》2018年第9期。

② 罗敏、王英：《中小学社会主义核心价值观培育现状的实证研究》，《现代中小学教育》2018年第9期。

内涵把握少。有些教师把中华优秀传统文化等同于国学经典，以机械记忆为主，不注重对其所蕴含的价值观念、精神品质等的把握。①

第二，社会主义核心价值观教育存在碎片化、边缘化现象。在小学思政课教材中，社会主义核心价值观三个层面、12个概念的内容相对零散，整体性阐释明显不够。此外，思政课相较而言，在整个教学体系中处于边缘地位，如小学思政课教师多由其他科教师兼任而非专职；临近考试时，思政课常常被其他课程占用，学生乃至家长对于课程的重视度均不高，等等。

第三，社会主义核心价值观教育的教学方式存在单向化、单一化倾向。小学思政课的教学活动，从目标、内容到教学方法、评价，从时代性、规律性到实效性，都有待加强和改进。尽管有些学校在教学理念、教学方式的创新方面走在前列，并且积累了一定的经验，但有些地区的教学缺少方式方法上的改善和提高，仍然是说理教育，缺少对话式的交流反馈；只是理论的讲解，与社会生活缺乏广泛的联系；以至于教学效果不佳，价值观教育没有产生应有的良好效果。有的地方和学校盲目借鉴他人的教育经验、做法，生搬硬套，主动反思、创新的能力不足，不能够结合自身的实际有效转化，导致效果不彰。

第四，社会主义核心价值观教育存在口号化、外在化②现象。具体表现为内化践行水平低。一方面，有的地方和学校虽然开展了一些比赛、表演、展示等活动，但往往浅尝辄止，流于形式主义，存在"有活动无教育"的倾向，以至于外在形式多，内在体悟少。③另一方面，部分学生的价值观在认知和践行的取向上存在明显的矛盾倾向。例如，在关于一年级学生的访谈调研中，作为从幼儿园到小学的过渡阶段，虽然学生对学校的规则、规范有了基本的了解，但在家和在校表现却常常判若两人。再如，受社会的

---

① 教育部：《以〈指南〉为引领探索中华优秀传统文化教育新举措》，http://www.moe.gov.cn/jyb_xwfb/moe_2082/2021/2021_zl07/2021_zl07_01/202102/t20210205_512633.html，2021年2月5日。

② 胡金木：《社会主义核心价值观如何融入小学教育》，《人民教育》2019年第3期。

③ 教育部：《以〈指南〉为引领探索中华优秀传统文化教育新举措》，http://www.moe.gov.cn/jyb_xwfb/moe_2082/2021/2021_zl07/2021_zl07_01/202102/t20210205_512633.html，2021年2月5日。

影响，实用主义、功利主义的价值取向在小学生中存在一定的市场，这与学生从社会主义核心价值观教育中获得的较高认知要求形成了明显的矛盾。

针对上述社会主义核心价值观融入小学思政课所存在的问题，笔者尝试性地从以下几个方面进行了原因剖析。

首先，对思政课的重视程度仍有待提升。目前，教育系统以考试科目、分数作为教育"指挥棒"的模式尚未改变，思政课在整个教育评价体系中所占据的地位仍然不高。我们在与不同地区的小学生访谈时发现了一些普遍存在的问题。例如，有些学校一年级的"道德与法治"课程没有按照要求安排授课时间，完全自学。有些学校甚至长期存在这样的问题。在幼升小后，学生固然面临多学科的学习压力，每门课程都需要老师和学生付出更多的时间和精力来适应转变。因为思政课不需进入考评系统，因而不受重视，课时经常被其他科目的学习挤占。可是，课下自学怎么可能保障学生的学习效果？又怎么可能达到基本的学习目标？

其次，教学方式有待调整和优化。例如，不同地区小学的课程授课方式、考核方式往往不同，存在一定的地区差异。本来这是可以理解的，但有些地方完全让学生"自主学习"，甚至自主讲授，这虽然可以锻炼学生的组织能力和语言表达能力，但学生对课程内容的理解毕竟有限，效果也很难保障。有些地方的小学又走向另一个极端，以教师"满堂输出"为授课方式，这又抑制了学生学习的主动性和积极性。有些学校的做法相对比较可取，即一半课时为教师讲解，一半课时为活动课，让学生参与其中，这样的安排也受到学生的欢迎。因此，坚持教学改革创新，调整和优化教学方式，是一个亟待解决的课题。这一方面需要广大小学思政课教师付出努力，"广大教师要用好课堂讲坛，用好校园阵地，用自己的行动倡导社会主义核心价值观，用自己的学识、阅历、经验点燃学生对真善美的向往，使社会主义核心价值观润物细无声地浸润学生们的心田、转化为日常行为，增强学生的价值判断能力、价值选择能力、价值塑造能力，引领学生健康成长。"①另一方面也需要相关管理部门提供必要的指导和培训。

再次，学生的言行不一，小学生处于理性能力和自制力都没得到充分

---

① 《习近平：做党和人民满意的好老师——同北京师范大学师生代表座谈时的讲话》，《人民日报》2014年9月10日。

发展的阶段。目前，小学生不少是独生子女；随着中国经济、社会的发展，居民家庭经济条件不断改善，小学生大多受到全家的宠溺，性格、情商方面存在这样那样的问题。有些学生虽然在学校能够遵从老师的规劝和管理，表现比较好，但在家里却不服从长辈管教，判若两人。有些家长只看重与升学相关的课程成绩，不太重视孩子品德的养成。如果没有家庭的配合，仅仅依靠学校的力量，很难实现《道德与法治》课程教育的目标。因此，家庭教育怎么与学校思政教育相配合，是一个非常值得研究的课题。

最后，在全球化、市场化、信息化背景下，多元文化和价值观给社会主义核心价值观教育带来了巨大的冲击和挑战。"在当代世界价值与文化多元化的现实面前，如何寻求多元之间的统一与和谐，往往成为人们关注的热点和难点；人们是否能够理性地面对多元化的现实，则成为理论与实践上的关键；而人们是否能够理性地面对，则取决于他们是否充分地理解了作为文化多元性根基的价值本性，是否能够以应有的价值思维来解决价值领域的问题。"[1]这样的多元化现实对于理性的成年人都具有极大的挑战性，更遑论理性、智力及思维都尚在发展阶段的未成年人。虽然学校和家庭是小学生活动的主要场所，但在全球化、市场化、信息化时代，小学生不可能生活在真空之中。小学生生在这样一个时代，长在这样一个时代，更加熟悉高新科技成果及其应用，很容易受到来自社会或网络上的各种现象的影响。特别是，面对网络上鱼龙混杂的信息、各种各样的价值观表现，小学生往往没有足够的分辨和批判能力，比较容易"失控"。因此，社会主义核心价值观的社会教育也是必须考量的问题。家长必须尽到监护人的责任，教师必须尽到教育者的责任，在面对学生关于价值观的疑问、特别是处于多元价值的矛盾和冲突中时，要尽力做好疏导工作，帮助小学生"把关"，助其度过成长的"危险期"，让社会主义核心价值观真正"内化于心，外化于形"。

二 社会主义核心价值观融入小学思政课的方法和路径

在小学阶段，如何培育和践行社会主义核心价值观？如习近平总书记

---

[1] 李德顺：《当代价值研究的新进路》，《马克思主义与现实》2013 年第 3 期。

所言，应该同成年人不一样，要适应少年儿童的身心特点和认知规律。结合小学生的特点，应该让他们在感性认知中形成价值认同，而不同层面的核心价值观有不同的认同机制。对于国家层面的价值目标，是认知认同机制下的说理式进入；对于社会层面的价值取向，是活动认同机制下的体悟式进入；对于公民个人层面的价值准则，是情感认同机制下的感情式进入。当然，这种区分并非绝对的，但对于不同层次的核心价值观，针对不同年龄段的学生进行侧重点不同的教育，能够做到有的放矢，避免教育资源的重复与浪费以及学生可能产生的逆反心理。

（一）利用多方面资源实现全面式融入

目前，社会主义核心价值观不同层次的内容分布在小学不同年级的思政课教材中，显得有些分散。就社会主义核心价值观的分布情况和内容侧重而言，大纲或教材的修订需要强化顶层设计，尽可能利用多方面资源，丰富社会主义核心价值观的内容，推动社会主义核心价值观全面融入小学思政课。

一是直接推动社会主义核心价值观三个层次、12 个基本概念的全面融入。以诚信价值观为例。相较其他核心价值观范畴，诚信的内容在小学阶段主要涉及三、四年级教材，着眼于个人层面的价值要求。虽然中学阶段的思政课也有诚信教育，但侧重点不同。中学的诚信教育是进一步从信用体系和制度建设阐释民法意义上的诚信要求，更多强调的是指企业（包括国有企业）的诚信。而鉴于诚信在当今时代的重要性，建议在其他年级的思政课教材中增加相应的内容。特别是，在强调中国传统文化的背景下，可以结合中国传统文化中有关诚信的人物、故事，树立诚信道德榜样，加强诚信教育。实际上，国外也非常重视和强调诚信教育。如在加拿大，诚信比成绩更为重要。日本中小学每学年的道德教育中都必须有信用、诚实等内容。日本中小学生几乎人手一册的心灵笔记，诚实是其中的重要内容之一。瑞士更是将诚信写入了法律。[①]国外的诚信案例也可以适当引用。通过直接增加小学思政课教材的诚信内容，真正落实习近平总书记所说的

---

① 佚名：《欧美日如何对孩子进行诚信教育》，《教育家》2016 年第 6 期。

"要学会做人的准则,就要学习和传承中华民族传统美德,学习和弘扬社会主义新风尚,热爱生活,懂得感恩,与人为善,明礼诚信,争当学习和实践社会主义核心价值观的小模范"①。

二是结合中华优秀传统文化的精华,融入社会主义核心价值观的相关内容。2021年初,教育部印发了《中华优秀传统文化进中小学课程教材指南》②(下文中简称《指南》)。目前,关于中华优秀传统文化的内容,小学"道德与法治"低年级教材集中在传统节日、民俗、传统仪式、民间文化等方面,如农历新年、中秋节等。高年级教材则有专门的单元集中进行传统文化教育,如五年级上册第四单元"骄人祖先 灿烂文化"等。古诗词、谚语、格言等也穿插在课程教材的内容中,以案例方式隐性地对学生进行优秀传统文化的教育。从总体上看,"道德与法治"作为落实中华优秀传统文化教育的核心课程,教材中关于优秀传统文化的内容的系统性、整体性阐释有待加强;在教育方式上,则需要更加侧重精神内涵的阐释,而不应该将知识讲授作为重点。

三是以习近平新时代中国特色社会主义思想进课程教材为契机,强化社会主义核心价值观的全面融入。2021年8月,国家教材委员会印发了《习近平新时代中国特色社会主义思想进课程教材指南》,要求小学阶段重在启蒙引导,在学生心灵里埋下爱党爱国爱社会主义的种子。思政课程是习近平新时代中国特色社会主义思想进课程教材的主渠道和关键课程。该指南明确指出,小学"道德与法治"应该围绕习近平总书记关于培育和践行社会主义核心价值观、道德养成和法治素养的精辟论述,呈现"习语金句",引导学生做到"记住要求、心有榜样、从小做起、接受帮助","扣好

---

① 《习近平寄语全国各族少年儿童:美好的生活属于你们 美丽的中国梦属于你们》,《人民日报》2015年6月2日。
② 教育部:《关于印发〈革命传统进中小学课程教材指南〉〈中华优秀传统文化进中小学课程教材指南〉的通知》。《指南》明确,"道德与法治"是落实中华优秀传统文化教育的核心课程,中华优秀传统文化进中小学课程教材是强化中华优秀传统文化铸魂育人功能,落实以中华优秀传统文化涵养社会主义核心价值观,实现中华优秀传统文化传承发展系统化、长效化、制度化的重要举措。《指南》指出,开展中小学中华优秀传统文化教育,对于永续中华民族的根与魂,坚守中华民族的共同理想信念,筑牢民族文化自信、价值自信的根基,维护国家文化安全,增强国家文化软实力,培养青少年做堂堂正正的中国人,具有重要意义。

人生第一粒扣子"。根据这一精神，我们应该以习近平新时代中国特色社会主义思想进课程教材为契机，深入挖掘原有教材中涉及社会主义核心价值观的内容，与时俱进地增加相关内容，强化社会主义核心价值观的全面融入，为后续的价值观教育奠定良好的基础。

（二）根据小学生的身心规律特点做到针对性融入

小学思政课的开展若要达到预期的教学要求和教学目的，就应该遵循人发展的阶段性特征，特别是把握小学生身心发展的关键期，从年龄特征出发对充满个体差异性的学生进行因材施教。相较于入学前，小学生的自我意识进一步凸显，而这种自我意识主要取决于他人对自己的评价，特别是希望获得来自师长亲人的肯定。所以，在思政课教学过程中，适时地予以正向价值反馈，能够形成良好的教学循环。如前所述，在总体上小学生的心理发展体现迅速性、协调性、开放性、可塑性等一般特点，其中的开放性和可塑性是尤其应该善加利用的特点，因为具有开放性，所以此阶段的学生乐于沟通，容易形成融洽的亲子关系和师生关系；因为具有可塑性，所以此阶段的学生接受度高、可塑性强。鉴于这两点，不管是教师还是家长，都应该多与孩子交流互动，建立良好的沟通方式，用他们喜爱的方式或显或隐地输入社会主义核心价值观念，以达到良好的教育效果。特别是随着当今社会的技术变革，人们的认知方式总体上发生了极大的改变，从以文字接受为主转型到以视频、音频接受为主，当代小学生乐于接受信息的方式多为图片、视频、游戏等。在这一时代背景下，小学思政课可以利用丰富且便捷的网络获取资源，甚至运用 VR 技术等沉浸式体验，带给小学生以更直观的感受，加深学习的印象。

目前，小学思政课课程体系的编排在一定程度上体现了尊重学生身心发展规律，遵循由易及难、由近及远的原则。对于不同年龄阶段的学生来说，社会主义核心价值观教育的内容应有所差别。比如，对于低年级小学生，可以安排与学生现实生活联系比较密切的社会主义核心价值观内容，如爱国、诚信、友善、和谐等。随着学生年龄的增长，再选择相对比较抽象的社会主义核心价值观内容，如自由、民主、平等、公正、法治等。根据这样的原则循序渐进，逐步提升，小学生往往比较能够接受和认同。

（三）通过生活化情感化方式实现体验式融入

小学《道德与法治》新课程标准中明确指出："本课程遵循儿童生活的逻辑，以儿童生活中的需要和问题为出发点，以儿童的现实生活为课程内容的主要源泉，以用正确的价值观引导儿童在生活中发展、在发展中生活为课程的基本追求。"① 社会主义核心价值观本身具有高度的凝练性、抽象性，特别是在抽象思维尚未得到充分发展的小学阶段，小学生理解这些抽象的价值观概念是有难度的。怎么把抽象的价值观概念与儿童的具体生活有机联系起来，是广大思政课教师要思考的问题。

以生活化情感化的体验式方式进行社会主义核心价值观的融入教育，形成偏重于实际感受的明理践行方式，是适合小学生身心特点的路径和方法。

首先，在教学内容上将课程知识生活化和日常化。价值观念的形成离不开日常实践活动，教师需引导学生从日常生活中的小事做起，践行与体验社会主义核心价值观。可以依托小学生守则、日常生活准则进行社会主义核心价值观教育，用具体的日常生活要求建立起社会主义核心价值观与学生日常生活的联系。一方面，搜集学生身边体现社会主义核心价值观的点滴事件，作为思政课课程教材的辅助，以一种形象生动、通俗易懂的方式呈现社会主义核心价值观原本抽象的内容，使学生易于理解和接受。正如习近平总书记所强调的："一种价值观要真正发挥作用，必须融入社会生活，让人们在实践中感知它、领悟它。要注意把我们所提倡的与人们日常生活紧密联系起来，在落细、落小、落实上下功夫。"② 特别是在运用教学语言方面，除了把教材语言转化为课堂语言，还要关注信息化、智能化背景下成长起来的当代小学生的特点③。一方面要熟悉学生的所思所想所好，了

---

① 《2019 最新小学〈道德与法治〉课程标准（教育部部编版）》https://wenku.baidu.com/view/4a474c7d7d1cfad6195f312b3169a4517623e56a.html?rec_flag=default&fr=Recommend_RelativeRecommend-80143，110165，90123，110010，100025，90082，90103，80139-pc_view_otherlike_new-68822bb44493daef5ef7ba0d4a7302768e996f21，2019 年 8 月 26 日。

② 《"习近平谈核心价值观"——凝神聚气　强基固本》，《人民日报海外版》，2014 年 8 月 7 日。

③ 当代小学生生长在信息化、智能化环境中，接受教育的方式、语言表达方式等都有其自身的特点。由于电脑、智能手机、网络愈来愈普及，学生的生活中充斥着二次元、短视频、网络游戏等，他们的学习方式从传统的文字接受为主转型到以音频、视频接受为主，语言表达方式也带有时代和技术的印记，网络流行语深深地影响了小学生的口头语和书面语。

解他们的语言表达方式。另一方面，要用学生喜闻乐见的课程资源材料唤醒他们的学习兴趣和热情。当然，同样值得注意的是，电子设备碎片化获取信息不能替代经典阅读的方式，对此，思政课教师必须予以正确的引导。

在思政教育过程中，教师主要担任引导者的角色，不能代替受学生作判断。实际上，生活是由一个个情境所构成的，而这些情境书写成册就是人们的经验体系。人们在反思自己经验体系的过程中进行评价，并在这种反思和评价过程中形成自己的价值观念。价值观念决定了思考方式和行为方式，并且能够在面临难题的时候迅速做出判断和选择。"判断在人生行为至关重要，故判断必须由自己下，绝非他人所能代替，养成学生之判断能力，使之于轻重缓急是非善恶之间，各人自有一种度量权衡。"① 因而，教师要尤其关注学生的现实生活，从学生的切身经验出发，创造丰富多样的可能情境，在情境中让受教育者去体验、体认社会主义核心价值观的魅力。"忠于教材，尊重、挖掘、利用儿童的生活经验，从学生经验出发进行教学设计。为了做到这一点，可以分几步走：一是研究每个单元、每一课的教育主题和教育目标，通读教师用书中关于本单元、本课程的设计思想与意图，找准教材所体现的国家要求与期望；二是充分了解儿童在这一教育主题下的真实状况、成长困惑、发展需求；三是根据教育要求和儿童现实，找到两者之间的交汇点、落差点；四是根据教材设计思路和教材所指引的教学、教育方向，从儿童生活经验出发设计教学，以教材要求与儿童现实的交汇点为依托，逐步弥补学生发展现状与教材要求的落差，使教材要求在儿童那里得到实现。"② 为了更好地实现教学目的，在教学策略上，教师应立足于学生感兴趣经验或事件。举例而言，二年级上册"我们的节假日"一课中的中国传统节日，即可通过描述学生所熟悉的生活场景，聚焦学生的兴趣点，充分调动学生的参与度和表达欲，并结合趣味盎然的活动，让学生感受中国传统文化的魅力，进而传承传统价值。具体来说，教师可以让学生描述中秋夜家人团聚共同赏月贺团圆的场景，包括分享自己喜欢的月饼口味，有趣而令人印象深刻的地方特色与习俗，与亲戚家的小朋友聚会时

---

① 单中惠、王凤玉编：《杜威在华教育讲演》，教育科学出版社，2007，第347页。
② 高德胜：《"接上童气"：用好小学〈道德与法治〉教材的关键》，《北京教育：普教版》2020年第2期。

有哪些好玩的游戏，等等。教师可以进一步引导小学生体会家庭成员间的亲情与友善，体会中华文化中的和谐精神。当蕴含社会主义核心价值观的传统文化教学内容兼顾了学生的生活和兴趣点时，就会更容易、更有效地实现教学目标。

其次，在教学形式上由课堂教学转向更广泛的实践教学[①]。这里的实践教学是与理论教学相对而言的，是指包含了实践过程的教学活动。与传统的课堂教学相比，它的涵盖面更广，既可以是课内实践，也可以是课外实践。课内实践是指引入案例和情境进行教学，课外实践则指各种各样的活动课，如听报告、讲座，看专题片，开展社会调查，参观考察活动，进行VR模拟体验，等等。此外，在进行实践教学时，应该注意运用榜样人物、先进事迹等核心价值观的教育资源。核心价值观教育需要把要求转化为小学生可学、可模仿的人物形象，用鲜活生动的故事引导小学生理解社会主义核心价值观。可以组织学生参观革命纪念馆、名人故居、英雄模范和先进人物事迹展览等系列活动，学习革命先烈、英雄模范、先进人物的伟大事迹和高尚品德，形成一种榜样引领的实践路径。

在小学思政课程中，教师首先要具有实践教学的意识，才能实现课堂教学向实践教学的转变，如专门在教学过程中设置一些实践环节，让学生在实践的过程中去掌握知识、培养能力，让学生在实践中去感知和体悟社会主义核心价值观的内涵，将其内化于心，外化于行。在2021年的开学第一课，全国各地的小学采取生动富有创意的形式就是可喜的变化。如广州一小学的醒狮表演、山东泰安的开笔礼，既唤醒了学生们的兴趣，也彰显了中国传统文化的魅力；甘肃平凉小学用《熊出没》的卡通人物开展消防安全教育，山东济南小学大家一起做污水处理试验，安徽合肥小学到食品安全检测室去检测食品安全，这些有趣而切身实践的活动方式，让学生们在愉悦的体验中加深了对身边的安全知识和环境保护重要性的理解。着重强调思政教育教学形式由课堂教学向实践教学的转变主要是基于对道德知

---

① 实践教学可以从广义和狭义上去理解。狭义的实践教学是与传统的课堂教学相对而言的，指学生参加各种课外实践活动。广义的实践教学是指学生在教师的指导下，通过主动参与高智力投入、创造性的实践活动以及有目的的现场体验，来获取知识、提升能力的教学形式。（时伟：《论大学实践教学体系》，《高等教育研究》2013年第7期。）

识特点的考虑。苏格拉底曾说美德即知识。在柏拉图《理想国》的美诺篇，还专门就美德是否可教进行过讨论。亚里士多德则进一步把德性划分为理智德性和道德德性，理智德性是指理性上的卓越，如优秀的理解力、判断力和推理能力等；而道德德性则是指好的行动倾向，由习惯或习俗而养成。由这两者的区分亦可以看出，理智德性是可以由老师教授的，而获得道德德性的途径唯有重复强化。若按照亚里士多德对德性的区分，老师可以提供助力的是理智德性，而道德德性则主要靠学生自己的践行才能获得。若想将社会主义核心价值观培养成亚里士多德意义上的道德德性，使之成为惯性或第二天性后自然而然地会采取相应的行动。同样在这种意义上，特别强调实践教学，让学生在具体情境的实践中去体验和感悟道德的影响。普遍的道德知识要落到实处还是要回归具体生活中的情境，并且要去回应特殊情境中的问题，当在具体的实践中能够不断地应对特殊的问题，具备了实践能力，才算真正获得了道德知识，也能逐步收获所谓的道德德性。因而，通过实践教学使学生获得道德的感悟和训练就显得尤为重要。在这期间，教师的引领和学生的实践都不可或缺，通过两者的有机结合，才能够把抽象的社会主义核心价值观念具象化，让学生对社会主义核心价值观真正悦纳。

最后，借鉴西方价值观教育的优质资源开展生活化情感化的体验式教育。西方在价值观教育、道德教育方面的相关理论和实践，可为中国价值观教育提供借鉴和参考。比如杜威的价值观教育思想。在教育方法上，杜威认为要以探究、商量和讨论的方法代替强制和灌输。人在适应环境的过程中会遇到各种疑难问题，解决价值问题不能靠灌输，而要靠学生的智慧，通过探究和讨论来解决。因此，在价值观训练过程中，教师给学生设计或呈现现实生活中的价值两难问题，以激发学生的思考。在讨论过程中，教师的任务是启发学生的思维，引起好奇心，使他们探索和寻求新的见解。因此，讨论问题的目的是使学生"如何决定去做什么"，不是使学生知道"去做什么"。这样可以培养学生的民主合作精神和价值判断能力。此外，杜威一直强调教育与生活相结合。教师应努力使学生在参与生活的同时塑造性格和行为习惯，注重将价值观教育的内容贯穿学校生活的方方面面。通过教学活动和学校生活培养学生合作和共同参与的社会精神，更多地重视社会生活中的价值意义,帮助学生解决实际生活需要面对的价值问题,鼓励学生通过自己的理智活动或实践获得价值判断力的成熟;同时积极创造有利的社会环境,使学生在学校里能提高适应社会的能力,在社会中学到学校不具备的更丰富的知识;从而使学生积累生活的经验,增长实践的智慧,提高应对未来生活的能力。在杜威看来,归根到底,道德教育是教育的最高目的,关键问题是怎样求知识而能使它对人生行为有影响,打通知识和道德,以使知行合一。知行交互作用的过程是经验丰富和发展的过程,是评价和判断能力提高的过程,亦是个体不断社会化的过程。价值观教育只有加强与现实生活的联系,才能使学生学以致用,将所学付诸行动。并且,杜威认为教师不仅应该授业解惑,更应该传道,杜威称教师为人格上的领袖,教师本身有人格魅力,就可以于无形之中感化学生,让学生耳濡目染,从而潜移默化地受到影响,达到实际的效果。而且,对不同的学生要根据其品性因材施教。以路易斯·拉斯为代表的价值澄清学派细化了杜威的思想,通过一系列具体的价值澄清策略,教给学生澄清自己价值的技巧与自我评价能力,其目的是帮助学生"澄清他们的价值陈述和行为",以适应不断变化的社会。内尔·诺丁斯关怀伦理学中的道德教育思想,提出要重视学生的感受与体验,尊重作为个体的学生,并指出对话、实践等道德教育方法。这些价值观教育的理论和方法在很大程度上推动了西方价值观教育的实践。教师可以根据实际情况,有选择地将它们运用到社会主义核心价值观融入思政课的教学之中。

【执行编辑:杨　丽】

文化与价值研究

Research on Culture and Value

共生时代下当代大学生的价值主体发展探究

刘文敏[*]

【摘　要】　在共生形态中，人作为价值主体得以彰显。价值主体本身内蕴共生的生存交往方式。立足共生时代发展背景，从马克思主体性思想视角中，当下大学生作为价值主体呈现三方面的特征：一是以大学生的生命活动为本源的"自由主体"，大学生作为自由生命个体体现具体性、实践性、生成性特征；二是以大学生的全面充分发展为目标的"目的主体"，教育要使大学生能够使大学生从人的能力、人的个性与人的社会关系方面都得以发展；三是以大学生的社会化为旨向的"责任主体"，通过社会化的实践使责任成为大学生内在的精神与价值追求，形成践行社会责任的持久动力，实现大学生自由主体与责任主体的统一。

【关键词】　共生时代；大学生；价值主体

共生于人类社会不仅是应然的期待，也是当代社会发展日益显现的实然状态。共生时代下人们基于承认相互差异与相互需要，共同创造出充满活力的可持续发展关系。相比机械时代以"二元对立"为核心，强调工具理性价值、重视与依赖于制度模式、运转体系的统摄威力，共生时代昭示

---

[*] 刘文敏，上海大学社区学院讲师，主要研究方向为思想政治教育。

着生命时代的到来，尊重个体差异性、珍视生命的多样性与丰富性，人的价值主体性得以彰显，这对当下高等教育如何促进大学生主体性发展具有启发意义。

一　共生的内涵与外在形态

"共生"概念源自19世纪初期自然生物领域研究，最早由德国生物学家Anton de Bart提出，共生是不同生物密切生活在一起、在一定条件下达成的动态平衡①。19世纪50年代，共生概念被引入政治学、经济学、社会学、文化学、人类学等社科领域，虽然其具体指涉有所差异，但基本蕴含着：具有不同生活环境、文化背景、价值观念的人们相互欣赏，共同启发，在一定行为规范基础上的结合状态②。西方学者强调共生是"向异质者开放的社会结合方式"，反对同质化与压抑。在中国语境中，共生是人类之间、自然之间以及人与自然之间形成的一种相互依存、和谐、统一的命运关系③。中国传统文化"天人合一""道法自然"等均蕴含的深刻的共生思想。但无论哪一种理解，在共生形态中，其主体首先是具有独立自主意识的人，人是目的而非手段，人摒弃了"占有式"生存方式。

共生可分为自然界的共生、人与自然的共生以及人类社会的共生三种类型。在一个文化价值多元化的时代，对个人和群体之间、不同类型的群体之间的和平共处、和谐共生的呼吁与渴望具有不可逆的历史必然性。习近平总书记提出的"人类命运共同体"正是以历史与现实的逻辑维度，对人类"共生"的高度凝练与深刻阐释，从共同生存走向实现共赢共享的共同发展。"共生关系"基于承认相互差异与相互需要，共同创造出充满活力的可持续发展关系。共生存在的前提和基础是承认对方的独立性和固有价值④。共生的社会中，每个人都是独一无二的自由个体，他们相互承认，相互需要，相互协作。

---

① A. E. Douglas, *Symbiotic Interactions*, Oxford: Oxford University Press, 1994, 1 (11).
② 张家军：《共生及其教育意蕴》，《新课程（综合版）》2009年第6期。
③ 李运奎：《共生理念引领下的共生性课堂建构》，《江苏教育研究》2011年第3期。
④ 〔日〕尾关周二：《共生的理想——现代交往与共生、共同的思想》，卞崇道、刘荣、周秀静译，中央编译出版社，1996，第118页。

共生于人类社会不仅是应然的期待，更是当代社会发展日益显现的实然状态。"共享、共赢、共存、共发展"这些共生的关键要素日益成为国际政治磋商、全球经济发展、多元文化交汇、优良公共生活的核心理念。人类如何从"非共生时代"迈向"共生时代"？或者说"共生时代"相对以往任何时代，其转变在哪？日本学者黑川纪章从社会、经济、文化等多维度阐释这种转变：一是从工业社会向信息社会或"后工业社会"转变，工业社会的经济生产、社会组成、个体发展呈现均质化特征，信息社会中，人利用信息产生的附加值，使主体的个性、创造性等能得到充分发展与展现。二是由线性向循环性经济发展的转变，线性经济遵循顺次阶段性、单项流动性以及传统的金字塔秩序在信息时代遭遇巨大挑战，循环经济将人、自然资源和科学技术纳入大系统内，依赖生态资源循环发展。三是由地中海文明时代走向太平洋文明时代，特别是随着亚洲社会经济的发展，独具特色的东方文明重新走向世界舞台。四是由机械时代走向生命时代。机械时代重视"型号"、"规范"、坚守"理性中心主义"（Logos centrism），而生命时代尊重个体差异性、珍视生命的多样性与丰富性[①]。

共生时代在学术理论的研究范式上亦是同样突破了传统时代。学术领域也正从布鲁巴基体系向非布鲁巴基体系转变。布鲁巴基体系追求"一贯的整体性"，通过建立纵向联系顺序来开展现自然科学与人文社会研究，用来指现代主义的科学、哲学体系。非布鲁巴基体系强调非线性，注重水平关系的可塑性，关注偶然性与即兴性及混沌场域中的潜在价值，重视多样性的共生。可以说，所有的学术尖端课题几乎都指向了"共生"。西山先生将布鲁巴基体系比作神经系统的信息，多是清晰单纯的；而非布鲁巴基体系则是免疫系统的信息，多是模糊黏稠的，通过信息网来维持相互之间的关系，并最终实现危机管理的机制[②]。

袁鼎生教授把人类文化的发展概括为依生文化、竞生文化、共生文化三大范式。依生文化强调人对自然的依赖；竞生文化以占有为存在方式，以社会私有制为基础，在强调个体独立性的张扬的同时也造成人性的分裂；共生文化强调人与人的关系以相互依存、和谐发展。共生扬弃了人与人之

---

① 〔日〕黑川纪章：《新共生思想》，覃力等译，中国建筑工业出版社，2015，第21页。
② 〔日〕黑川纪章：《新共生思想》，覃力等译，中国建筑工业出版社，2015，第8页。

间的主客二元对立逻辑，具有双主体或类主体意蕴，而这正阐释了马克思的人的发展的三个阶段理论。而人的自由全面发展必然是在共生时代实现。

二 价值主体内蕴"共生"的生存交往方式

（一）价值主体与共生皆有"生命"指向性

价值主体与共生的联结在于它们都具有的"生命"指向性。价值主体是相对认知主体的。"认知主体"与"价值主体"在领域、内容与旨趣方面有很大不同，认知主体的基本问题域是"我能认识什么"，强调人的思维发展与认知界域，高扬人在知识世界中的中心地位；价值主体则以"我应该做什么"为核心问题域，强调人是绝对价值存在，强调人的目的性和自由性，高扬人在道德价值世界的中心地位①。

价值主体首先珍视人作为生命的存在，人是有生命的、尊严的主体，价值主体摒弃把人当成共同体的工具、人当成物的工具、人当成历史的工具②。人作为认知主体存在可以发现"自然规律"，而人只有作为价值主体才能实现"生命自由"。"共生时代"带来的最重要的意义也正在于此。如果说认知主体对应的是机械时代，那么价值主体对应的就是生命时代。机械时代是重视"型号""规范""理想"的时代，强调理性中心主义，依靠理性而达成的科学与技术始终处于首位，人文艺术、哲学等与人的感性和主观性相关的领域日益沦为科学的奴婢③。机械时代以"二元对立"为核心，过分重视和依赖于制度模式、运转体系的统摄威力，而常常忘记对人本身的关照。福柯所指的"人的消失"，迈克尔所担忧的"人的主体性的黄昏"，皆是对西方机械时代下人之所以为人的具体性与丰富性逐渐丧失而担忧。

共生时代正视生命的多样性所具备的丰富价值，经济、技术也存在着向多样性转化、应对的问题，多种文化、异质文化的共生，将与经济、技

---

① 贺来：《主体性的当代哲学视域》，北京师范大学出版社，2013，第54页。
② 贺来：《主体性的当代哲学视域》，北京师范大学出版社，2013，第64页。
③ 〔日〕黑川纪章：《新共生思想》，中国建筑工业出版社，2015，第22页。

术的发展占有同等地位①。共生时代重视人的意义与价值世界，强调生命的丰富性、具体性、自由性，任何社会制度模式、社会治理体系、社会空间都适应于和从属于人的自由、自觉和自主的生活框架②。在共生时代，人作为生命个体的价值与意义得到珍视和彰显。我国的现代化建设进程中，以"以人为本"为核心的科学发展观，新时代"人类命运共同体"的发展思想，都深刻蕴含着人是目的、人与人的共生存在的思想。

然而，共生时代的到来并不意味着一种共生形态、共生文化的自然生成。新事物替代旧事物不是一蹴而就的，原有的形态存在越旧，其惯性越大，且这种惯性面对"破"与"立"阶段，可能显现更大的力量。竞生文化以及竞生性教育模式依然顽强存在于大学校园且影响广泛，包括教育体系、制度设计、师生交往、学生行为与思想。部分高校盲目追求各项国内外排名，忽视自主个性化发展，最终"千校一面"；师生之间简化为"规训-服从""传授-接受"关系。在工具理性与效率至上的裹挟下，大学生变成抽象的个体，个体的生命性、丰富性被抑制或遮蔽，或躲进私人生活中展现，在公共生活中难觅踪影，校园形成"万人一面"的局面。共生理念下的师生交往，不是教师对学生单向知识灌输或道德行为规诫，而是不同主体间的真诚对话、平等互动，是教学相长的循环过程。

（二）价值主体的三层意蕴

从马克思主义的实践观阐释"价值主体"，其包涵三层意蕴：人是自由主体、目的主体、责任主体③。

首先，这一主体是"自由主体"。康德之前的哲学大多是从主体的思维发展与追求真理探索"自由"，康德从道德价值层面论证"自由"，但并未脱离先验认知的框架。马克思将"自由"视为人的实践活动的本源性特征，在《手稿》一书中，马克思如此写道："一个种的整体特征、种的类特征就在于生命活动的性质，而自由的有意识的活动恰恰就是人的类

---

① 〔日〕黑川纪章：《新共生思想》，中国建筑工业出版社，2015，第30页。
② 张康之：《为了人的共生共在》，人民出版社，2016，第7页。
③ 贺来：《主体性的当代哲学视域》，北京师范大学出版社，2013，第62页。

特征。"① 人对自然改造的主客二分逻辑，并非能直接运用到人类社会与人本身。人的自由的实现是基于人作为生命个体的独特性与不可替代性，而非成为抽象的人。

其次，这一主体是"目的主体"。在马克思看来，不是"物"，而是"人的发展"构成了历史和社会发展的根本目的。在人与历史的关系上，"并不是'历史'把人当作手段来达到自己——仿佛历史是一个独具魅力的人——的目的。历史不过是追求着自己目的的人的活动而已"②。马克思在承继康德"人是目的"的启蒙思想之上，更进一步阐释了人在历史中的地位。人不仅是历史的剧中人，更是历史的剧作者。只有牢牢把握住人是目的这一根本，人的主体性才能具有历史与现实的两重维度。

再次，这一主体是"责任主体"。人作为实践活动的主体，必然面对人自身与社会历史的风险和承担责任。"责任主体"是人之为"自由主体"的必然。面对西方近代以来遵循完全自由主义所致的占有性个体主义及主体性发展的困境，传统的自由观遭遇挑战，作为主体的责任不应仅仅是运用于法律的道德底线上，或是依附于自由存在或自由的衍生物。责任是共生时代每个个体内蕴的价值，具有其独立的价值与意义，其价值绝不仅是奉献、服务、利他或忘我，更是在共生时代中成就与超越自我。

当人成为"自由""目的"和"责任"主体的时候，很显然，这样的"主体"必然首先是"价值主体"而不是"认知主体"③。马克思深化了康德的认知主体与价值主体的思想，全面且严密地阐释了价值主体的内涵，体现的人是最终目的，自由与责任共存的主体概念也有力地回击了极端个体主义与集体主义的偏激理论，有效地回应现代性下西方面临的单向度的人、主体性的黄昏、主体性的消解等一系列令人困惑的问题，为重新扬起人的主体性的大旗提供了有力的思想理论。从马克思价值主体性三重意蕴角度来研究当下大学生的主体性，无疑摆脱了传统局限于主体性中的自主、自为以及个体成长与成就，是把握到共生时代的发展特征，立足历史实践观来分析大学生主体性的发生机制。

---

① 马克思、恩格斯:《马克思恩格斯全集》第 3 卷，人民出版社，2002，第 273 页。
② 马克思、恩格斯:《马克思恩格斯文集》第 1 卷，人民出版社，2009，第 295 页。
③ 贺来:《主体性的当代哲学视域》，北京师范大学出版社，2013，第 63 页。

三 以大学生的生命活动为本源的"自由主体"

(一) 对马克思的自由观的重读

在传统的马克思主义哲学原理教科书中,我们耳熟能详地听到这么一种观点:"自由就是指对客观必然性的认识和对客观世界的改造","人们对必然性的认识越全面、越深刻、对事物的判断就越正确,自由的程度就越大。"① 从认识论为出发点阐述马克思哲学自由观,深深影响了几代人,这一方面是因为教育基本沿袭了苏联模式,一方面是当时经济、科技、教育落后状态需要极大提升国民的认知水平。自由完全成为一个知识论范畴,它的基本假设是:自由与人获得和占有的知识的程度成正比。但时代发展到今天,这种认识论上的自由观在现实生活中越来越受到严峻的挑战,并无法获得理论的自圆其说。俞吾金认为认识论上的自由观否定了自然界发展的规律与社会发展的规律存在根本差异,也无法解释在科学技术高度发展的情况下人们为何还会陷入异化困境。

马克思从实践本体论的维度构建自由观,将自由奠基在人的现实生命这一基础上。自由是人的生命本性,是人的存在方式,"一个种的整体特征、种的类特征就在于生命活动的性质,而自由的有意识的活动恰恰就是人的类特征"②。区别于以往的西方哲学家对自由的理解为理性的自我认知与构建,马克思认为,自由是以实践活动为基础的"自由自觉"的生命活动,人在实践活动中确证人的超越性。实践活动是人本源性的生命存在方式,人自我规定、自我主宰的现实生命活动,人类正是在自身特有的劳动实践活动中获得了自由。人在实践过程中,将自然规律性、合目的性统一起来,将观念的实践转变为现实,将自在之物转变为自为之物,这是人区别于"物""神"之所在。自由就是人生命存在之本质,人的自由从根本上是社会实践的自由。

马克思并不否定知识本身及人的认知活动的重要价值,马克思批判的

---

① 贺来、葛宇宁:《马克思哲学自由观的三个基本维度》,《社会科学研究》2014 年第 3 期。
② 马克思、恩格斯:《马克思恩格斯全集》第 3 卷,人民出版社,2002,第 273 页。

是把自由建基于脱离于人的现实生活与实践的理性意识和知识论范式中自由观。寻求知识的认知活动是在人类实践生活基础上长出来的一种样式。单纯的"占有"知识并不能获得自由。脱离了人的生存实践，知识不仅无法成为人们实现自由的现实力量，甚至会演变成一种抽象性力量束缚人的解放。人的生存实践活动相比知识具有更为本源和基础的地位。马克思的自由观对当下高校科学研究具有启示意义，批判科学研究工作将"占有知识、发表论文"为唯一或终极目标，反思科研工作如何更大地转化为实现人的自由和追求美好生活的力量。正如习近平总书记提出，"穷理以致其知，反躬以践其实"，科技工作者要把论文写在祖国的大地上，把科技成果应用在实现现代化的伟大事业中①。

（二）大学生作为自由生命个体的具体性

自由主体以生命个体的具体性与丰富性为前提条件。生命的魅力在于它是具体丰富和千差万别的，不承认生命的差异性、不尊重生命的多样性发展，就无所谓自由或自由主体。人在不同的生命阶段具有各自具体的特征及自由的表现形态，大学生正值个体从少年向青年发展初期，是郭湛所言的个体的自为阶段。从外在环境的开放性、个体心理发展的自觉性、未来选择的多样性上来说，当代大学生具备比以往社会任何一个时代、个体发展任何一个阶段更多的丰富性与选择性。从外在的环境来看，无论我们如何谈到市场经济、功利主义、应试教育对高校的影响，但我们必须承认，高校尊重学生的自由发展，有着优渥的土壤孕育自由生命个体。从个体心理成长的角度说，大学生正好处于理性自觉期，具有分析批判相对复杂事物和自我调节情绪的能力。从未来选择的多样性来说，大学阶段是学生根据生命个体喜好、能力等选择未来发展方向的关键时刻，信息时代的高速发展更是赋予了当代大学生更大的自由选择的权利与机遇，这比以往任何一个时代都要多。从个体获得自由时间来看，大学生尚未完全踏入社会，无须为直接获得生活资料而劳动，这也意味着大学生在对追求真理、探寻自我、社会认知与实践上具有充分的时间保证和试错机会，个体生命发展

---

① 习近平：《把论文写在祖国大地上》，《人民日报》2019年5月13日。

有充分的自由时间。从希腊先哲到马克思等都强调的自由的前提是应具备生存必需品与闲暇时间的保证，大学生在获得充分的自由时间上具备天然的优势。但这一优势若没有被大学生个体的自觉认识与积极利用，也终将导致虚度生命。阻碍大学生对生命个体的自觉反思的原因之一就在于认知主体性的单向度发展，对自由把握局限于认识论的范畴，占有知识成为大学生学习的唯一目标，并希冀将此作为获得自由的通行证。

（三）大学生作为生命个体的实践性

大学生以生命个体的实践性所实现的自由，是积极自由，而非消极自由。消极自由争取的是不让别人妨碍我的自由，同时也易导致个体走向自我封闭，会使人成为一种孤独的存在物，使人与世界的关系日益疏远和不可信，使人自我削弱并不断遭到威胁①。积极自由则以做自己主人为要旨，积极自由主张通过个体实践积极参与社会公共生活，在公共生活实践中展现自我、超越自我从而实现积极自由。日益发达的互联网、不断突破的人工智能等现代科技方法与手段加速了大学生认知能力的发展，但无法构造一个实践的有生命气场的空间。大学存在可碰触可感知的现实空间、人与人的现实交往是 MOOC（慕课）等网络教育无法替代的。

现代大学面临的挑战是工业化生产模式的理念深刻影响教育，一切基于效率与速度时，必然偏重认知教育，简化实践教育，忽视个体的生命体验。大学不仅只有知识与技能的习得，而是个体交往实践的公共场域，个体置身其中获得人生气象的扩展、生命境界的提升。

（四）大学生作为生命个体的生成性

随着个体生命的发展，大学生作为自由主体的内涵也在不断丰富与深化，这源于生命个体的生成性。生成性意味着它打破认识论下的先验逻辑强加给生命的枷锁，使生命个体避免抽象化与符号化。生命的根本就在于生命的体验、创造、不断超越自己。正如萨特所言，自由和存在是等同的，人不是先存在，后才有自由，而是存在就是自由的，两者是不可分的②。

---

① 〔美〕埃里希·弗罗姆：《逃避自由》，陈学明译，工人出版社，1987，第337页。
② 赵海英：《主体性：与历史同行》，首都师范大学出版社，2008，第176页。

大学生作为生命个体具有生成性，意味着教育不能也无法用一种产业化的模式、控制论的思维、标准化的目标去面对生命个体。大学生作为生命主体，无法复制他人来发展自我，无法封闭自我来安顿自我，无法仅靠认知来完善自我。大学生生命个体的实践性、丰富性根源于生命个体具有生成性特征，正如我们不能固化现代性，始终面对的是流动的现代性。生成性意味着积极自由不是别人给予的，而是个体在历史实践中创造的。不能理解作为生命个体的生成性特征，大学生的主体性发展必然会面临各种困境，选择逃避生活世界、拒绝实践认知并超越自我，个体的生成性异化为个体的"内卷化"[①]。大学生不能正确和积极应对高度自主化和多元化时所带来的风险是放弃积极自由、采取消极内缩的自我保护行为。他们习惯并沉浸在他们原有的思维框架与价值取向，并建立一个坚实的精神堡垒；或是放弃自我的独立并寻求外在力量的"庇护"。这两者在本质上是一样的，是对未来自我发展的懈怠和消耗。偏重知识的习得与占有的习惯遮蔽了他们作为价值主体具有的在实践中不断探寻个体生命特质、超越自我的生成性特点。

大学生作为自由主体，是以生命活动为本源，也以生命发展为旨趣，这是一种流淌生命气息的自由。他们在实践中生成富有理性智慧而又不失人文情感的生命立场、清晰地了解自我责任而又能推己及人的生命关怀、端坐于书房同时又可以行走于社会的生命自由、既在庙堂之上又在江湖之远潇洒自如的生命风度、可以参悟苍天玄远可以体知草木冷暖的生命美感[②]。大学生的生命活动内蕴立场与价值、审美与关怀。当个体活动缺失一种生命品质，也就无法实现真正的自由。

四 以大学生的全面充分发展为目标的"目的主体"

（一）人的发展是人的能力、个性与社会关系的发展

在马克思看来，不是"物"，而是"人的发展"构成了历史和社会发展

---

① 冯莉：《个体化条件下当代青年——"个体的结合"现象分析》，《中国青年研究》2017 年第 10 期。
② 刘铁芳：《公民生活与公民教育》，教育科学出版社，2013，第 64 页。

的根本目的，人们的社会历史始终是他们的个体发展的历史①。马克思的目的主体是以人为本，人创造了历史，人既是剧作者，又是剧中人。除了人的发展，没有其他目的。马克思口中的"人"，是历史性的概念，指向"每个现实的人"。衍生到大学生的主体性发展，高校人才培养，要以学生为目的主体。如何确证大学生作为目的主体，则是以大学生的充分发展为人才培养的目标。随着社会发展与人的启蒙意识的不断崛起，大学生的全面自由发展作为教育之根本，成为教育学界研究的基本问题。

"任何人的职责、使命、任务就是全面地发展自己的一切能力"②。在人的自由全面发展理论中，马克思从旧的社会分工维度批判资本主义社会劳动造成人的畸形、片面发展入手，谈到通过参与物质生产实践和其他社会实践活动来实现人的全面发展，不仅是每个人的权利也是每个人的义务，也是社会发展的逻辑前提与终极目标。人的发展是人的全面、自由、充分、和谐发展。这里的全面发展蕴含着人的能力、个性、社会关系三个维度。人的能力是"人的本质力量的公开的展示"③。根据能力的属性特征，我们可将其分为认知能力与实践能力、体力与智力、潜在能力与现实能力等，其最终指向人认识世界与改造世界的实践力。人的个性是人对现实的态度和行为方式中表现得较为稳定的个性心理特征，其包含人的性格、气质、意志、情感、兴趣等。个性是每个人所有的独一无二的特征。人的社会关系的发展源于人的社会性本质，人的本质是社会关系的总和。人的社会关系从根本上由生产关系决定，人只有在劳动实践中发展这种社会关系，决定一个人能够发展到什么程度。一般的主体性涵盖的自主性、自为性和创造性等主要是从人的能力维度阐释，或是认知能力与实践能力的概括，价值主体性则不仅涵盖人的能力、更指向人的个性与人的社会关系维度阐释。

（二）大学生全面发展与个性发展的辩证关系

一直以来，不少人对人的全面发展存在一些认知误区，将人的全面发展等同于人的能力的均衡发展，在教育实践中更倾向以量化分析思维将人

---

① 马克思、恩格斯：《马克思恩格斯文集》第1卷，人民出版社，2009，第295页。
② 马克思、恩格斯：《马克思恩格斯全集》第3卷，人民出版社，1960，第330页。
③ 马克思、恩格斯：《马克思恩格斯选集》第42卷，人民出版社，1979，第128页。

的完整性割裂为碎片化的能力指向。人的全面发展是完整的人的和谐发展，其本身蕴含着全面发展与个性发展相统一。社会发展的过程也就是个性不断发展的过程，个性发展推动了社会的进步，并为人的全面发展创造了条件。同时，个性发展应当以人的全面发展为基础。没有人的和谐的全面发展，人的个性发展也会无法获得长足发展，甚至可能会产生偏离或畸形。任何把人的全面发展与个性发展的对立逻辑，必然导致是人的抽象化，或极端的个人主义。

在马克思看来，实现人的全面发展，高度发展的生产力是必备的物质前提，但教育是根本途径。教育"不仅是提高社会生产的一种方法，而且是造就全面发展的人的唯一方法"①。但偏重认知主体发展的教育则无法实现全面发展与个性发展相统一，因为其最大的特点是采取分析性思维、对象化逻辑将人的发展变成可预测、可配置、可复制甚至可以标准化的模式。而人的个性发展首先是具有独特生命个体的创造性活动，人的个性始终在实践中生成。强化价值主体、蕴含公共生活、倡导社会实践的校园文化与教育能够使大学生从人的能力、人的个性与人的社会关系方面都得以发展，为实现大学生自由全面发展，摆脱旧式分工所带来的片面性创造条件。

新中国成立后很长一段时间我国对马克思人学理论出现严重曲解：一是见物不见人，倾向于从"物质决定论"或阶级斗争等方面解释马克思主义；二是谈人色变，将对人的关怀与关注斥为资产阶级的意识形态而列入禁区②。人被当成物的工具、共同体的工具、历史发展的工具③。这无疑也影响了对培养全面发展的人的理解，受功利主义与工具理性影响，高等教育对大学生的全面自由发展存在以下误区：一是从工具性价值与目的性价值的关系看，强调大学生的全面发展是一种工具性价值，强调人的发展对社会的服务价值，它是把人的全面发展理解为共性发展，以共性发展来统摄个性发展，个体的自由充分发展遭到漠视，人并未作为"目的主体"存在。二是以分析性思维将人的全面发展被机械地分割为诸多要素，制定出各种

---

① 马克思、恩格斯：《马克思恩格斯全集》第 23 卷，人民出版社，1972，第 530 页。
② 姚巧华：《马克思主义人的自由全面发展理论中国化历史进程研究》，南开大学博士论文，2009。
③ 贺来：《主体性的当代哲学视域》，北京师范大学出版社，2013，第 68 页。

定性指标、定量指标确定学生的每一项指标吻合教育者的目标，这种指标以定量的、显性的、易于认知为特点，突出人才培养的短期可预见性、可测量成效。这也导致人的全面自由发展异化为均衡发展，补短板发展，适应性发展。忽视学生个体差异性，泛泛谈论全面发展，导致一种抹平个性化的发展与个体的生命空场。

人的自由全面发展包含人的精神层次的需要与发展。从物质与意识的范畴看，人的自由全面发展不仅体现在物质层次的需要与满足，更包括精神层次的需要和发展。依此基础，马克思将人类实践划分为物质生产实践与道德文化实践。哲学、宗教、政治、法律、文学和艺术等都是人类道德文化实践的精神产物，其不仅有利于增强人们认识、改造世界的能力，更使人逐渐形成自我认知、价值塑造与理性自觉，精神层次的需要和发展是人的全面发展的基本内容。大学恰恰是传承人类文明、创造精神财富、引领时代发展的重要场域，为大学生实现全面发展提供源源不断的精神动力、智慧支持与实践体验。

五 以大学生的社会化为旨向的责任主体

（一）责任与自由不可分离

自由和责任是一对孪生概念，个体如果没有自由，则难以谈及责任。责任是个体自主选择与行动应予以承担的后果，而自主以自由选择为前提。没有责任，个体的自由发展没有边界，个体无须承担对自由行动的后果，必然容易侵犯他人与社会的利益，最终导致人的不自由。因此，自由与责任相生相伴，人是自由主体与责任主体的统一。关于自由主体，上文已做过阐述，在这里不做赘述。所谓责任主体，即是对自身和社会历史的发展的风险与后果承担责任的主体。人是自由的存在，这也意味着人是为自己的自由创造和自我决定承担责任的存在，自由和责任是相辅相成的两种价值[①]。责任主体是个体化与社会统一的介质。正如自由包含消极自由与积极自由，相对应的责任亦可分为两种：基于消极自由的责任与基于积极自由的

---

① 贺来：《主体性的当代哲学视域》，北京师范大学出版社，2013，第63页。

责任。基于消极自由的责任是以占有性个体主义为导向,关注个体的选择与行动对个体发展的影响,是以个体发展为中心的;基于积极自由的责任,是一种共生性责任,以认同人与人的"共生"为基础,不仅关照个体的选择与行动对个体发展的影响,也关照个体作为社会人,对他人、对社会的影响。正如萨特所言:人既是他自身的立法者又是全人类的立法者,个人的每一个行动都要以人类作为选择的准绳,因此我们的责任要比以前设想的重大得多,因为它牵涉到整个人类,我的行动是代表全人类承担责任[1]。因此,"共生责任"相比"占有性责任",是具有更高德性的责任。

受应试教育的影响,大学生主体性发展常常体现的是一种消极自由,其责任对应自由也局限于各占其位、各尽其职,在一定程度上有利于社会的稳定,人与人的和谐,并且不破坏他人的自由,侵占人与人的边界,这看似是柏林所推崇的消极自由。但这种自由与责任局限于个体内在的自我完善,个体寻求内心世界的圆满,在发展缓慢的传统农耕社会,它存在一定合理性。面对社会的高速发展与高度不确定性,这种消极自由及其责任承担愈来愈暴露其弊端,大学生缺乏寻求积极自由的状态,就无法打破固有的思维框架与价值认识,缺乏创新的勇气与破解问题的思路。当个体不愿意或无法应对社会发展的不确定性与高风险性时,个体选择放弃积极自由,这也就无所谓责任。公共生活的空间被压缩,个体循环往复回到私人世界、内心世界寻求价值,这也是梁漱溟提到的人的理性早熟。当个体执着于终极圆满的解决方案,在具体实践中反而踌躇不前,最终放弃积极自由。因此,责任不仅与自由紧密相关,更是在实践中产生,在个体社会化中真正得以确立。大学生的责任主体意识也必然在大学生的社会化过程中得以确证与实现。

(二)责任的社会关涉性

责任关涉社会性,大学生要实现以积极自由为导向的责任主体,必须以社会化为旨向。何谓社会化,费孝通先生认为,"社会化就是指个人学习

---

[1] 〔法〕萨特:《存在主义是一种人道主义》,周煦良、汤永宽译,上海译文出版社,1984,第8页。

知识、技能和规范,取得社会生活的资格,发展自己的社会性的过程。"① 法国教育家涂尔干认为:"使我们每个人形成社会化,这就是教育的目的。"② 人的社会化就是个体基本实现由自然人向社会人的过渡。这种对社会化的理解,强调社会对个体的作用,却未提及人与社会的积极互动,只将人看成是社会化的客体被动地适应社会教化与改造,忽略了人作为具有主体意识的实践主体,在社会化过程中会对自我、他人和群体施加的主动影响;强调个体行为同既有的社会规范、行为准则的同一性,漠视了个体对既存社会文化的理性反思、发展创新。因此,上述定义都有失偏颇。陈录生认为:"人的社会化是指个体学习社会的价值观念和各种社会规范,去认识和适应社会,从而达到改造社会、调适心理、发展和完善个性的目的的过程。"③ 王芝云则主张:人的社会化是一个过程的两方面:一方面,个体加入社会环境、接受社会文化和行为模式的教化、发展自己的个性;另一方面,个体作用于社会、发展社会文化与改造行为模式、变革社会。因此,人的社会化过程是社会环境和个体间交互作用过程,个体学习适应既定社会文化和社会关系,同时也是创造社会文化、改造现有社会关系的过程④。

  大学生作为责任主体体现在其相比一般责任主体有其特殊性。大学生作为社会主义事业的接班人,是推动未来社会发展进步的先锋力量,大学生作为责任主体被赋予了更高的要求。习近平总书记多次强调,青年人要做担当民族复兴大任的时代新人。大学生获得作为前期社会化成果更高的智能基础和知识基础,具有较强的理性自觉与认知能力,具备承担知识密集型与较强专业化特征的社会化任务的胜任条件,他们承担和完成这一更高社会化任务的同时,突出地表现青年知识分子身份和精英群体特征,同时,社会对他们承担社会角色的能力、责任寄予更高的要求。大学生的这种角色的特殊性,又使他们与社会的交互作用和相互影响除了具备共性外,有其特殊性,如文化教化、内化的专门性、专业性、高层次性和外化社会

---

① 社会学概论编写组:《社会学概论》,天津人民出版社,1984,第 54 页。
② 赵祥麟主编:《外国教育家评传》第 2 卷,上海教育出版社,1992,第 750 页。
③ 陈录生:《西方社会化理论与中国人的社会化》,《中州学刊》1997 年第 4 期。
④ 王芝云:《当代大学生社会化特点与学校引导策略》,《石油教育》1997 年第 3 期。

属性的高智能性等①。

（三）大学生在实践中实现社会化

责任不是通过认知植入主体的一个概念、一个名词，是在行为主体的实践中生成，我们可以将其理解为一个动名词。责任是行为主体的思维意识状态和价值判断体系，只有通过一定的情境条件和具体的实践活动产生相应的心理认知和情感体验并激发相应的行为活动，责任才能内化为主体的思维方式和行为准则②。当下教育常被质疑的焦点也在于此，"知"与"行"在现实中往往被割裂开来，大学生作为认知主体存在。教育者总是试图通过一种说教与灌输形式，让大学生获得一种社会化的理解与道德责任履行能力；或者教育者虽然重视"行"，但基于占有式的学习方式及效率优先，"行"服务于"知"，"行"在价值序列上低于"知"，成为"知"的附庸。

大学生通过实践，倾注情感来身体力行，产生正能量的情感体验和心理感受及精神层面的"获得感"。实践是大学生社会化的基本方式，通过社会实践生成践行社会责任的动力，形成对社会责任理性的意志力并内化为他们自身的主体自觉。在推进大学生社会化的过程中强化大学生作为公民应当具备的社会责任主体意识，使他们在服务他人、奉献社会的过程中提升自己、超越自我，避免个体的内卷化与消极自由观。通过社会化的实践才能使责任成为主体内在的精神与价值追求，形成践行社会责任的持久动力。基于责任的主体行为逐渐转化为主体的自主选择，成为主体的自由实践，最终实现大学生自由主体与责任主体的统一。

【执行编辑：杨　丽】

---

① 阙贵频：《简论人的社会化及大学生社会化的内涵界定》，《经济与社会发展》2007年第9期。

② 孙健、王越芬：《志愿服务之于大学生社会责任认同的实然逻辑》，《理论导刊》2017年第9期。

从狄奥尼索斯的智慧到超人的困境

——尼采《悲剧的诞生》中的真与美问题

张 娜[*]

【摘 要】《悲剧的诞生》展现了尼采美学的核心思想,这个核心思想触动的是对传统哲学的批判。尼采选择酒神精神的真实世界,放弃日神精神的美化世界,将真与美合而为一置于酒神精神之中。但日神精神却以特有的方式在尼采的真实世界中存在着:狄奥尼索斯的智慧。在狄奥尼索斯带来的危机与恐怖中,尼采提供了具有强力意志的超人,以其不断地自我创新与超越探索生命之真与美。尽管尼采强调超人积极面世的品质,但是尼采为人们到达真我世界提供的,实际上是一条从个体破灭到类存在的悲剧性的个体化路径;另一条社会化的路径,最终由马克思提供。

【关键词】《悲剧的诞生》;狄奥尼索斯的智慧;日神精神;酒神精神;超人

在《悲剧的诞生》中,酒神精神与日神精神分别代指真与美两种价值。尼采用了大量的篇幅,清晰明白地论述了两种精神与两种价值的对应关系。然而,越是坚持尼采直接给出的这种清晰明白的指代关系,就越不容易看清尼采真正要表达的真与美的存在。在酒神与真、日神与美的关系背后,

---

[*] 张娜,上海师范大学哲学与法政学院副教授,主要研究方向为社会政治哲学、价值哲学。

尼采重新为真与美划分界限。

一 阿波罗美的世界与狄奥尼索斯的美

日神精神是人之梦境，具有美丽的外观，崇尚适度与节制，在智慧与宁静之中体现着世界的秩序。酒神精神则是人之醉态，充满了幻境，打破一切束缚毫无节制，在热烈与喧闹中享有物我合一的境域。毫无疑问，当两者同时出现在尼采笔下的时候，就已经先在地表明了两者之间不可割裂的密切关系，但是在这种不可割裂中，尼采依旧将真与美的天平倾向了酒神，在难以抉择的二选一中，他站在了酒神一边。因此，可以说，酒神精神是尼采美学思想之核心与追求，代表了尼采美学根基的思想。然而，就在我们以为顺利获得尼采美学思想之时，尼采却宣布，我们所拿到的酒神精神是真的尺度，而不是美的尺度。这意味着我们在尼采美学的思想中，舍弃了美的内容。是我们选错了吗？并不是。尼采通过《悲剧的诞生》所要传递的内容首先正是对美的一种舍弃，只是尼采美学之美与尼采舍弃之美并非同一物，甚至可以说是相反物。这就是在尼采《悲剧的诞生》中所包含的一种矛盾与颠倒。那么尼采舍去的是何种意义上的美？尼采的美学是否存有内在矛盾，是一种舍弃美的美学呢？

答案是否定的。尼采从未要放弃美，但是在《悲剧的诞生》中，尼采放弃了一种美，那即是由日神精神所代表的、反映其思想根源的柏拉图主义的美。柏拉图主义将世界一分为二：一个是感性世界，一个是超感性世界。其中超感性世界是真理的世界，而感性世界是真理的、残缺的、堕落的存在。感性世界中之所以会出现类似真的东西，那只是因为它拥有了超感性世界的理念。换言之，柏拉图主义认为真理存在于理念之中。柏拉图主义继承者与集大成者是黑格尔。在黑格尔看来，美是理念的感性表达，即美的东西之所以看起来是美的，只是因为它充分表达了美的理念，其背后隐藏的是理性原则，也就是尼采所说的日神精神。在理性原则之下，整个世界井然有序、进退有度。人们运用现代科学的规则了解并掌握着世界。尼采反对这种对世界的认知方式，反对将世界的真归为超感性世界的理念。尼采正是要抛弃这个所谓真、实则只是起美化作用的世界，指出真正的关于真与美的世界是狄奥尼索斯的世界。

狄奥尼索斯的世界是无规则、无界限的世界，是人与世界合而为一的无我的状态。人从单个人中脱离出来进入关于人的本真的世界，其中的重要一环是从个体的人进入到类的人的状态。在酒神的世界中，醉使得人们实现了这样的脱离。尼采认为只有处于醉的状态中的人，才是回归到本真状态的人。人在醉的状态中，方才获得了真正的自我的存在。它是如此地热烈、喧闹，被柏拉图主义视之为堕落与残缺的非真状态。尼采宣布，这才是真正的真的世界。因此，尼采在《悲剧的诞生》中确实是要放弃一种美，这种美就是柏拉图主义的、由科学知识精心装扮的美。尼采要打破这种美，以便存有真正的美，关于生命的美。

二　狄奥尼索斯的内在冲突与智慧

然而，当我们获得了尼采关于美的思想在于酒神精神即真的内容时，日神精神又立刻重新回到尼采美的思想中。尼采在艺术与美的领域推崇酒神精神，但是并不否认日神精神与酒神精神的密切相关。在《悲剧的诞生》中尼采曾用两种关系来表述酒神与日神的关系：一是夫妻关系，"如果我们不仅达到了逻辑的洞见，而且也达到了直接可靠的直观，认识到艺术的进展是与阿波罗和狄奥尼索斯之二元性联系在一起的，恰如世代繁衍（Generation/procreation）取决于持续地斗争着的、只会周期性出现和解的两性关系（Zweiheit der Geschlechter/duality of the sexes），那么，我们就在美学科学上多有创获了"[①]。二是兄弟关系，"悲剧中阿波罗因素与狄奥尼索斯因素的复杂关系，确实可以通过两位神祇的兄弟联盟来加以象征：狄奥尼索斯讲的是阿波罗的语言，而阿波罗终于也讲起了狄奥尼索斯的语言——于是就达到了悲剧和一般艺术的最高目标"[②]。不论哪种关系都是一种水乳交融、密不可分的状态。因为对于尼采来说，我们不仅要知道真正的美的世界在于酒神之中，而且要知道酒神的真正状态在于对于真实自我的战胜与克服。尼采把这种克服称为"狄奥尼索斯的智慧"。

在尼采的世界中，狄奥尼索斯是一个矛盾体。他既有激情澎湃的一面，

[①] 尼采：《悲剧的诞生》，孙周兴译，商务印书馆，2012，第19页。
[②] 尼采：《悲剧的诞生》，孙周兴译，商务印书馆，2012，第159页。

亦有危险恐怖的一面。面对酒神，真实的境地是人们想要能享受多少来自酒神的激情澎湃，就要能够承担多少来自酒神的恐怖危险。这既因为狄奥尼索斯既有纵情之意，亦有野蛮之意；又因为狄奥尼索斯既有酒醉之时，亦有酒醒之刻。日神在人们对酒神恐怖与危险的克服中充当着重要的角色，它是奥德赛的桅杆。而酒神便是既带给你美妙歌声，又让你情不自禁走向毁灭的塞壬。奥德赛主动选择被绑在桅杆之上，如此既可以聆听塞壬的歌声，又不必自己走上毁灭之路。人们为了享受生命美好的一面，必须依靠日神，努力控制自身。

那么，是什么缘故使得酒神具有如此内在的矛盾呢？我们可以从关于酒神的神话中捕获一二。首先酒神是重生的，这是多么大的喜悦与激荡；同时，这意味着酒神曾经死去，这又是一个极其恐怖的经历，其中甚至包括肢解。于是酒神精神注定包含极端对立的两面。而事实上，尼采用酒神所要阐明的是人们的真实的生存状况。人之存在的真实状况就是：有激情澎湃，更有危险恐怖。人们不应该因为危险、恐怖而消极面世，反而应该为了享受激情澎湃而积极战胜世间危险。其战胜的方式，除了日神精神提供的知性手段之外，尼采提供了基于酒神精神的方式：自我更新。可以说，尽管酒神精神与日神精神密不可分，但是尼采不仅在结果上倾向于选择酒神，而且在原因上倾向于放弃日神方式，采用酒神方式。后来，他这种方式越来越清晰，那就是对人的强力意志的强调以及对超人的推崇。

三 作为真与美化身的超人

超人在尼采看来是所有人都应该追求和成为的样子。其之所以是超人，并非指无所不能、无所不在的人，而是指不断超越的人，并且是不断超越自己的人①，"人是应当被克服的一种东西"②。

这种超越，首先蕴含在酒神从单个人到类的人的突破过程，亦可以称之为个人的解体到作为类的人的重生的过程。作为个体的人是一种有限的

---

① 叶秀山：《何谓"超人"》，《浙江学刊》2001年第5期。
② 尼采：《扎拉图斯特拉如是说》，钱春绮译，生活・读书・新知三联书店，2007，第49页。

存在状态,作为类的人是无限的、与天地相连的存在状态。经由这一环节,人们获得了酒神作为生命的赋予。其次,尼采的超人是超越现实限制的人。在传统哲学中,人作为感性世界的存在物,是有缺陷的存在,需要理念的完满来规定和规范自己的行为和自由。尼采的超人要超越这种旧传统对人的限制,使人有实实在在的自由。所以尼采强调的不是自由意志,而是权力意志,是一种"积极的量力而为的心态"①。按照现实与自我的能力权衡而为,成功也罢,失败也罢,均由强力意志决定,是真正的自由意志。再次,尼采的超人是超越时空限制的人。传统的理念论也追求对时空的超越,它通过有限性、偶然性的毁灭,展示出一个超越时空的永恒绝对的世界,人们存在之意义都在于对超越时空的永恒绝对的追求。尼采的超人也超越时空,但是这种超越不是超越当下进入未来绝对的追求,而是就存在于现实世界的此时,不面对过去,也不面对未来。瞬间即为永恒,永恒就在瞬间之中,这种超越是对当下的超越。超人超越时空限制,不追求永恒,而是就当下中成为永恒。因此,差别就在于旧传统要求人们面向未来,尼采要求人们活在当下。最后,尼采的超人是一个自我超越的人。尼采的超人不是一种静止的状态,而始终是一个外溢的过程。他不返回到过去追求意义之源,他创造意义,开显意义;他不承认任何至真至善至美的存在,他本身就是真善美,并且他无须其他外力的推动,他就是力量之源。因此,超人无须超越任何外在的人,他唯一能做的就是通过不断地创造而超越自己。

在尼采看来这种超越与创造最核心的内容是人生命丰富性的拓展。尼采认为美学的第一真理是"没有什么是美的,只有人是美的"②;而美学的第二真理就是"没有什么比蜕化的人更丑"③。因此,尼采认为没有什么美本身,美来自人。"人把美赠与世界,把一切反射自己形象的东西看作是美的。"④ 毫无疑问,尼采的这种超人的思想和美学思想对于基督教对任性的压制、剥夺给予了有力的批判。基督教在尼采看来就是一种病态的虚伪存

---

① 叶秀山:《何谓"超人"》,《浙江学刊》2001年第5期。
② 尼采:《偶像的黄昏》,卫茂平译,华东师范大学出版社,2007,第134页。
③ 尼采:《偶像的黄昏》,卫茂平译,华东师范大学出版社,2007,第135页。
④ 张庆熊:《尼采哲学思想的主轴:以权力意志为准则重估一切价值》,《学术月刊》2009年第12期。

在。通过不断创造，人的生命的丰富性不断增强；虽然世界充满危险，创造活动也许会失败，但是人还是要保持强力意志，积极面对，不断创造和超越。

四 来自强力意志的超人困境

如此，尼采以超人完成了他的酒神精神，并在超人的世界中，完成了他的理想。但是其中存在一个问题，就是如果超人必须要不断地自我超越的话，是否超人本身存在一种类似于现代性中的进步强制现象？人们在这种超越强制中会不会也出现一种异化，或者说人们在这种超越强制中会不会有一种不自由的困境？

众所周知，现代性以资本为内核，而资本的逻辑就是无限增殖。现代性要求所有人必须始终处于一种进步的序列中，任何一种不进步的行为都会被现代性的秩序所淘汰。于是人们在现代性中出现各种异化而无法自救。超人的不断自我超越，虽说摆脱了现代性中由资本等外力所带来的压迫，但会不会产生一种自我强力意志的压迫呢？

第一，需要说明的是超人的世界并不是没有痛苦的世界，一方面，超人面对的世界与我们的世界相同，是充满危险恐怖，因而也必定充满了痛苦的；另一方面，超人以积极的心态面对世界，但并不代表每次的行动结果都是成功的，反而因为超人强力意志的不断溢出，往往遭遇失败。因此，超人的世界也是有失败、有痛苦的。只是超人并不被这种痛苦与失败打倒，总是选择再次出发，继续创造。

第二，如果我们再次返回到狄奥尼索斯的智慧之中的时候，或许可以解开其中之谜。要承受多少的激荡，就要有多少的理性储备作为支撑。人们总是在相应的支撑下释放自我的意志力。当人们对这个智慧有所知时，人们的创造力总是在已有的自我力量基础上前进。除非假借他物，它不会有过度的力量产生，以致于由于自我不能消化而伤及自身。

第三，如果从尼采的思想意图来看，正是因为尼采看到人们不可能不断地自我创造，才用这种最为激进的方式提出要求，这种不断创造的强制力可以说是一种基于批判的鼓励，是一种具有文学色彩的戏谑和隐喻。不过，如果我们沉浸在超人的世界中，作为被规定为不断创造、不断自我超越的超人来说，他是否能够接受现实中偶然的，或者一段时间不自我超越的状态呢？或者既然狄奥尼索斯和阿波罗的关系既可以是夫妻关系、又可以是兄弟关系、甚至可以是更多层次的关系，那么人这种自我超越的属性是不是也可以具有多种层次，或者具有缓慢超越、有停顿的超越的可能呢？

事实上，之所以会有上述的这种困境，根本的原因在于尼采对于柏拉图主义的颠倒与批判，最后落在了个体之上。尼采对于超感性世界的抵抗，主要依靠单个的生命个体来完成，甚至只是能够达到超人属性的少数优秀的人来完成。单个个体直接面对超感性世界所有真理的袭击，虽然可以让个体生命直接到达感性世界的本身，但难免出现力不从心的自我压力乃至强力意志的进步强制。同样是对旧传统批判的马克思做出了不同的选择。马克思同样关注单个人的自由全面发展，但是马克思没有将这种抵抗直接放置到单个的人身上。在马克思看来，单个的人是不存在的，"人的本质不是单个人所固有的抽象物，在其现实性上，它是一切社会关系的总和"①。原子式的个人是现代性对人的限制。人的生存从满足自己需要的活动开始，在这种生产活动中，人们结成了各种生产生活的关系。凭靠着这些生产生活的关系，人们生存并实现自己。在这样的基本路向上，面对旧哲学带来的理念世界对人的生命的压迫，马克思主张人们结成一定的联合体，通过联合体以革命的方式进行反抗，最终实现人的全面自由的发展。如此，就化解了尼采个人抵制中的创新强制问题。当然，如果马克思的联合体能够结合尼采的强力意志的话，现代人将会更真切地感受到世界与自我以至于狄奥尼索斯的物我合一的状态。

总之，《悲剧的诞生》展现了尼采美学的核心思想，但这个核心思想触动的是尼采对传统哲学的批判。尼采选择酒神精神的真实世界，放弃日神精神的美化世界，将真与美合而为一置于酒神精神之中。然而酒神的世界并不是一个简单的世外桃源，它自身充满着深刻的矛盾，作为重生后的酒神，在对生命的热烈中包含着失去生命时的恐怖，真实的世界真实而充满危险。于是尼采提示出狄奥尼索斯的智慧和超人的存在，超人作为真善美

---

① 《马克思恩格斯文集》第 1 卷，人民出版社，2009，第 505 页。

自身，具有实实在在的自由。只是超人总要超越的本质，注定其悲剧气质。这折射出更多是将对传统的批判落脚于个人的困境，而对这一困境的解决则是由马克思与之不同的社会联合体路径得以完成的。

【执行编辑：姚毅超】